高峯 先生의 生涯와 學問

高峯 先生의 生涯와 學問

정 병 련 저

전남대학교출판부

月 峯 書 院

崇 德 祠

氷 月 堂

明 誠 齋

存 省 齋

藏板閣

七松亭

樂 庵

歸 全 庵

神 道 碑

廟 庭 碑

高峯先生께서 심으신 은행나무

高峯先生墓所

吾 南 齋

高峯先生文集

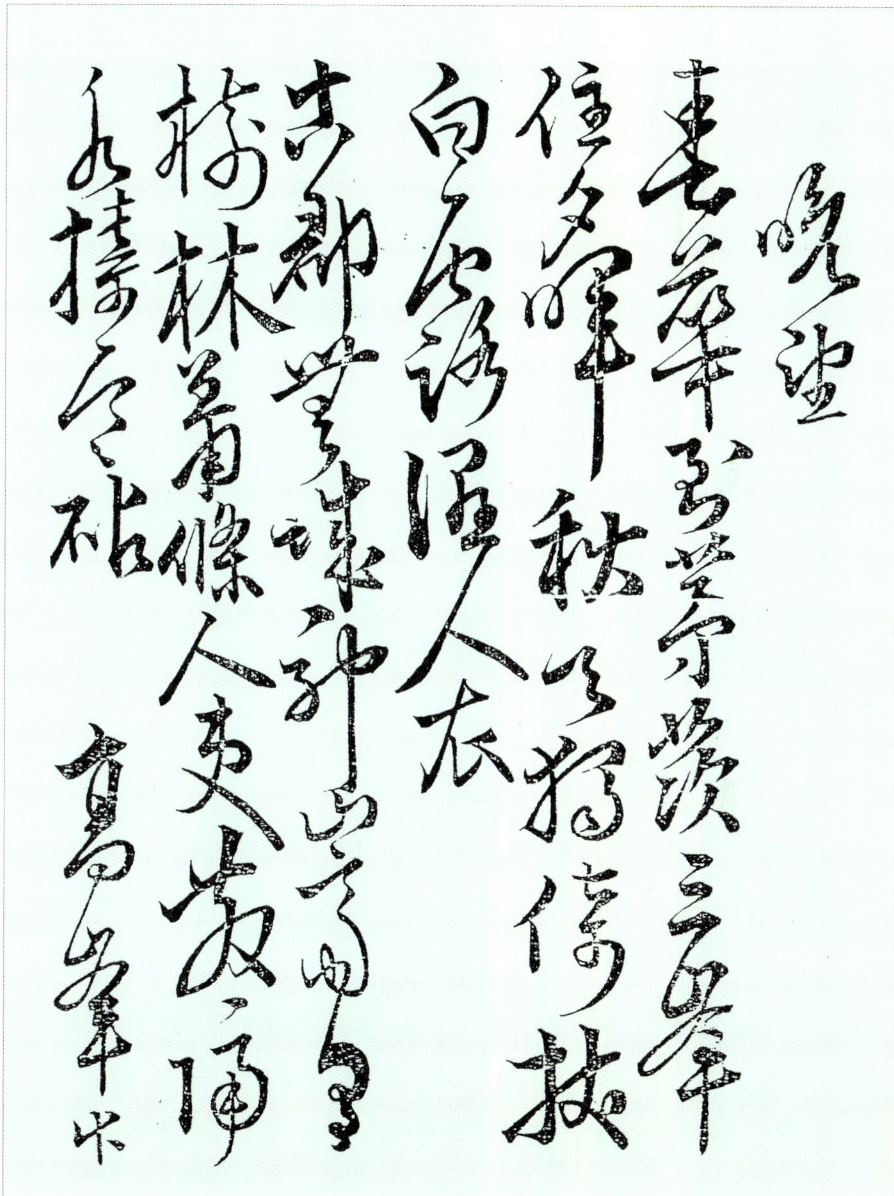

高峯先生親筆

晩望 (만망)　석양에 바라보다

春華到茅茨(춘화도모자)　봄은 꽃이 피어 초가집에도 와 있고
三峰住夕暉(삼봉주석휘)　산에는 석양 빛 머물렀네.
秋天獨倚杖(추천독의장)　가을 하늘아래 홀로 지팡이 짚고 있으니
白露濕人衣(백로습인의)　맑은 이슬이 나의 옷을 적시네.

古郡無城郭(고군무성곽)　옛 고을에는 성곽도 없고
山齋有樹林(산재유수림)　산 서재에는 나무숲만 우거져 있네.
蕭條人吏發(소조인리발)　쓸쓸히 관리인은 떠나려 하는데
隔水禱寒砧(격수도한침)　물 건너에서는 차가운 다듬이 소리 들려오네

高峯 草

• 高峯先生親筆解釋

추 천 사

세상에는 학문과 경세공적(經世功績)이 실제보다 높이 평가받는 역사가 흘러갈수록 여러가지 후광(後光)을 입어 더욱 빛나는 학자가 있는가 하면, 반대로 도덕문장(道德文章)과 경세공덕(經世功德)이 고명특립(高明特立)했으면서도 당파(黨派)의 세(勢)나 학파지연(學派地緣), 심지어 신분지위(身分地位) 때문에 세상에 드러나지 못하고, 역사가 오래되면 아예 적막 속으로 침묵해 버린 불우한 학자도 없지 않다.

그것은 옛날 유현(儒賢)들의 학문(學問)하는 자세(姿勢)가 세상에 드러나는 것을 좋아하지 않고, 자기가 자기를 선양(宣揚)하는 것을 부끄럽게 여겨, 세상에 알려지지 않거나 남이 나를 알아주지 않아도 개의(介意)치 않는 것을 미덕(美德))으로 삼았기 때문이기도 하지만, 그 보다는 학문사상과 경세공적(經世功績) 자체보다도 그 학자가 속한 당색(黨色)과 학맥(學脈), 그리고 왕실(王室)에 대한 충성도(忠誠度)에 따라 평가받고 대우받는 학문외적(學問外的)인 원인(原因) 때문이기도 하다.

이러한 학자(學者)에 대한 평가(評價)와 대우(待遇)의 불공정성(不公正性), 배타(排他)와 이기(利己)의 추구(追求)는 그릇된 도통관(道統觀)과 학문관(學問觀)은 마침내 사문난적(斯文亂賊)이라는 죄목(罪目)을 만들어 학문(學問)을 독단(獨斷)하고 이기자(異己者)를 죽이고 극단적인 실성(失性)으로까지 치달아 우리의 유학사(儒學史) 속에는 아직도 이러한 해독(害毒)을 입어 당대(當代)는 물론 역사상 묻혀 버린 학자(學者)가 의외(意外)로 많다.

게다가 처음 조선유학사(朝鮮儒學史)를 쓴 사람들이 학파(學派)나

인물선정(人物選定)이나 위상(位相)설정, 학설(學說)소개 분량(分量)까지 그러한 종래(從來)의 잘못된 세력형성(勢力形成)을 그대로 받아들여 엮어 놓았고, 후학(後學)들 역시 이것을 기정사실(既定事實)로 받아들여 유학사(儒學史)에 현양(顯揚)된 학자(學者)는 더욱 현양(顯揚)되고 엄폐(掩蔽)된 학자는 상대적으로 더욱 엄폐(掩蔽)되어 버리는 잘못된 연류(沿流)와 답습(踏襲)이 이어져 왔다.

다행히 근래에 와서는 그러한 당색(黨色)이나 당세(黨勢)에 따른 자기보호(自己保護)나 이기배타(異己排他) 등 정치적(政治的) 세(勢)를 타고 학문(學問)을 재단(裁斷)하는 횡포(橫暴)가 줄어들고, 학자(學者) 자신도 기성(既成) 틀에서 벗어나 비교적 자유분방하게 학문(學問)을 하기 때문에 서서히 묻혀져 있는 학자들을 발굴, 재평가하는 학풍(學風)이 일기 시작하였다. 우리나라에 양명학연구(陽明學硏究)가 활발하게 전개(展開)되고 있는 것은 그러한 학풍(學風)의 전환(轉換)을 단적으로 알려주는 좋은 예(例)라 하겠다.

이번에 전남대(全南大) 정병련(鄭炳連) 교수가 펴 낸 「고봉(高峯) 기대승(奇大升)의 생애(生涯)와 학문(學問)」이라는 단행본(單行本)의 출간도 그러한 학풍전환(學風轉換)의 일환(一環)에서 나온 좋은 표본(標本)이라 하겠다. 이왕의 고봉(高峯) 기대승선생(奇大升先生)에 대한 연구(硏究)는 안진오(安晉吾)교수가 지적한대로 '퇴계사상(退溪思想)이나 율곡사상(栗谷思想)에 가리어져 그들 사상의 종속적 위치에서 다루어져 왔다.'라고 하는 견해도 오늘의 학계의 현실을 잘 나타내 준 말이다. 어찌 고봉연구(高峯硏究)뿐이겠는가? 사실 호남(湖南)의 성리학자(性理學者)들에 대한 연구는 영남(嶺南)과 기호학파(畿湖學派)의 연구(硏究)에 비한다면 거의 황무지(荒蕪地)에 가깝다. 이러한 호남학문(湖

南學問)의 낙후(落後)는 그 고장 학자(學者)들의 성찰(省察)에 의해 만회(挽回)하려는 노력(努力)이 경주(傾注)되기 시작했다.

정병련(鄭炳連) 교수는 침잠독실(沈潛篤實)한 학자(學者)이다. 그는 광부(鑛夫)가 막장 갱(坑)에 들어가 원석(原石)을 캐내 듯 직접자료(直接資料) 자체에 대한 천착(穿鑿)을 연구(硏究)의 기본자세(基本姿勢)로 하고 있어 학문대상(學問對象)의 내면적(內面的) 진실(眞實)을 발굴하는데 있어 이왕(已往)의 연구를 능가(凌駕)하고 있으며, 그는 다시 「입호기내(入乎其內)」의 방법을 바탕으로 「출호기외(出乎其外)」해서 그 학문대상(學問對象)을 주체적(主體的)이고 정체적(整體的)으로 재구성(再構成)하여 하나의 단위성(單位性)을 확립(確立)하고 있어 내외(內外)의 전모(全貌)를 들어내 줌으로서 학문적(學問的) 생명력(生命力)을 동출(動出)시키는 묘득(妙得)을 부여(賦與)하고 있다. 그래서 그의 저술(著述)은 오늘을 재생(再生)시키고 재활용(再活用)될 수 있게 하고 있다. 이왕의 정다산연구(丁茶山硏究)가 그러했고, 이번의 고봉연구(高峯硏究)가 그러하다.

사실 전대(前代) 학자(學者)들의 후광(後光) 중에 가장 결정적인 후광(後光)은 그를 연구(硏究)해 주는 학자가 어떤 학자인가 하는 것이다. 예(例)를 들면 아무리 위대(偉大)한 학자였다고 하더라도 그를 연구(硏究)한 학자의 힘이 그에 못 미치면 그를 연구(硏究)하는 학자의 수준으로 하락(下落)하고, 반대로 그를 연구(硏究)하는 학자가 고명특출(高明特出)하면 그에 따라서 전대(前代) 학자(學者)의 학문사상(學問思想)이 본래보다 더욱 빛나게 되기 때문이다. 은말삼인(殷末三仁)의 「인(仁)」이 공자(孔子)에 의해 밝혀진 것과 같이 전인(前人)의 학문도덕(學問道德)은 결국 후인(後人) 학자(學者)에 의해 발굴선양(發

掘宣揚)되기 마련이므로 누구에 의해 연구(硏究)되었느냐 하는 문제는 아주 중요하다. 오래도록 제대로 위상(位相)과 내실(內實)을 되찾지 못하여 왔던 고봉 선생(高峯先生)의 학문사상(學問思想)이 정병련(鄭炳連) 교수와 같은 학자(學者)를 만났다고 하는 것은 고봉(高峯)의 후복(後福)이 아닐 수 없다.

모두 칠장(七章)으로 구성된 이 책은 고봉(高峯)선생의 가문(家門)과 학파(學派)의 연원(淵源)으로부터 당대(當代)의 시대적(時代的) 문제(問題)와 고봉(高峯)의 의식(意識), 의도(意圖), 사명(使命), 경세구상(經世構想)에 이르기까지 형상적(形上的) 학문(學問)과 형하적(形下的) 경세(經世), 즉 내성외왕(內聖外王)의 유가도학(儒家道學)의 체계(體系)와 정신(精神)을 고봉(高峯)이라는 한 인격체(人格體)를 통해 유감없이 구현(具顯)시키고 있어 자못 생동(生動)하다. 고봉(高峯)의 학문적(學問的) 진지성(眞摯性)과 그의 정확(精確)한 논리성(論理性)은 퇴계(退溪)와의 사칠논변(四七論辯)에서 잘 들어 있고, 이는 조선유학사(朝鮮儒學史)를 읽는 사람이면 누구나 아는 일이지만 그가 바로 조광조(趙光祖)의 지치주의(至治主義)를 이어받아 그것을 다시 실현(實現)시키는 것을 자기 사명(使命)으로 자임(自任)하여 적극 경세유(經世儒)의 면모를 갖추고 있었던 것에 대해서는 아는 이가 드물다.

아마도 이 책을 읽는 사람은 고봉(高峯)이 당시의 관념유(觀念儒)들과 크게 다른 면이 있었음을 발견하게 될 것이고, 그렇기에 고봉(高峯)의 학설(學說), 특히 그의 경세사상(經世思想), 즉 임현능(任賢能), 개언로(開言路), 정시비(正是非), 신시요종(愼始要終), 척리물정(戚里勿政), 균세역(均稅役), 부서민(富庶民) 등 유가(儒家) 정치철학(政治哲學)과 위정자(爲政者)의 자세, 그리고 현세(現世) 당무(當務)에 관한 주장(主張)은 그대로 오늘의 정치・치세(政治・治世)에 접목(接木)시켜도 부족할 것이 없는 교훈(敎訓)이요 당무적(當務的) 처방(處方)이 될 수 있기 때문에 얻은 바가 자못 클 것이다.

그러므로 이 책은 학술계(學術界)의 한 업적(業績)으로 가치 있는 것임은 물론 현세(現世)를 살아가는 지성계(知性界), 더 나아가 위정자(爲政者)들이 읽으면 새로운 안목(眼目)과 지혜(知慧), 그리고 경세처방(經世處方)을 터득(攄得)할 수 있는 정치교과서(政治敎科書)로 보다 큰 영향을 줄 수 있는 책이라 믿어져 폭넓은 독자가 있었으면 하는 마음 간절하다. 정병련(鄭炳連)교수의 업적(業績)에 대해 학문(學問)하는 한 사람으로서 존경(尊敬)과 동정(同情)을 보내며, 인세(人世)에 유익(有益)할 이 책이 많은 사람들의 양식(良識)의 문(門)을 두들겨 깨우는 경세목탁(警世木鐸)으로 작용(作用)하기를 기원(祈願)해 마지 않는다.

중천 김 충 렬(中天 金 忠 烈) 謹識

목 차

부 록

고봉 선생의 생애와 학문

정 병 련(鄭 炳 連)
(全南大學校 師範大學 敎授)

1. 글을 시작하면서

고봉 기대승(高峯 奇大升, 1527-1572)의 자는 명언(明彦), 호는 고봉 또는 존재(存齋)이며, 덕원군(德原君)에 추봉되고, 시호는 문헌(文憲)이다. 그의 학문하는 태도는 명증적(明證的) 논거를 확보하는 방법이며, 실제생활에 이로움을 주는 경세학적 탐구가 큰 비중을 차지하고 있다. 서실(書室) 이름도 존재(存齋)라고 하는데, 경신년(1560) 8월 8일 고봉이 퇴계에게 편지를 올릴 때, 「소첩자」(小貼子)에서 진서(眞書)나 초서로 글씨를 써 주고, '존재'의 명기(銘記)를 써 줄 것을 요청하였다.

그는 한국의 성리학에서 사단칠정논변을 통하여 논쟁적 탐구방법의 서막을 열었으며, 이외에도 예학, 역학 등 철학적인 문제에 관심을 가지고 고심하였던 훌륭한 철인이었다. 특히 퇴계 이황(退溪 李滉, 1501-1570)과의 사단칠정이기론변은 한국성리학의 위치를 높은 차원으로 끌어올리는 계기가 되었고, 『주자문록』의 저술은 주자학이 일반화되지 못하였던 당시의 학문계에 신선한 충격을 주었다. 그의 도통론은 당말의 한퇴지(韓愈, 退之)의 유학적 소명의식에 비유될 만하고, 예학에 관한 분란한 다툼을 일시에 잠재울 정도의 투철한 윤리의식을 가지고 살았다.

학문적 진리를 향한 그의 각고면려(刻苦勉勵)의 향학열은 동료와의 많은 서신왕래에서도 충분히 이해할 수 있으며, 관료로서의 사명감은 부여된 임무에 몰두함으로써 후세의 귀감이 되었다. 그는 자신의 삶을 겸손한 마음으로 이렇게 읊고 있다.

반평생 옹졸하여 공부도 하잘것 없고,	半生迂拙工夫少하고,
진위를 가리지 못하는 누추한 배움.	陋學難明竟僞眞이라.
온 세상에 가득한 부질없는 글,	謾有文詞播邦域하며,
참되거나 이웃을 사랑하지 못함을 부끄러워한다.	愧無忠信及鄕隣이라.
전원의 한가로운 가운데 의취가 있어,	田園且涉閒中趣하여,
송죽은 오히려 만물 밖의 봄을 머금었다.	松竹猶含物外春이라.
죽도록 넉넉히 말년을 보내리니,	卒歲優遊許送老리니,
마음 보존, 정신 수렴을 어디서 얻을려나.	操存凝固更何因고?

퇴계는 고봉의 학문을 높이 평가하고, 선조에게 대답하는 말 가운데서 고봉의 식견이 넓고 월등하여 통유(通儒)라고 할 만하다고 평가하였다. 정예환(鄭禮煥)의 「청향소」(請享疏)에 의하면, 우암 송시열(尤庵 宋時烈, 1607-1689은 다음과 같이 말하고 있다.

고봉은 박학하고 웅변을 갖춘 데다가 천인·성명(天人性命)의 이치와 백가·중기(百家衆技)의 학설을 한결같이 다 분명하게 가려내었다. 이에 퇴계가 자기의 견해를 많이 굽혀 따르고, 밝고 넓은 경지를 홀로 보았다는 것으로 허여(許與) 하였으니, 창을 잡고 방으로 들어 오는 경우(제자가 스승보다 뛰어남을 비유한 말)라고 말할 만하다.

짧은 생애를 살다간 고봉은 영세불망(永世不忘)의 흔적을 남기고 갔다. 그의 예지력과 통찰력은 학문에서 더욱 크게 발휘되었고, 그의 합리성과 정체성은 살아가는 구체적인 생활 가운데서 밝게 드리워졌고, 그의 영민성과 명석성은 남의 부러움을 사기에 충분하였다. 그는 처음부터 선비로 성장하였고 선비적인 태도로 삶을 마감하였다. 그 정신은 진리를 사랑하고 선행을 실천하며 아름다움을 안고 자연과 함께 살아가는 가난하면서도 현실에 만족하는 옳고 곧은 선비의 정신이다.

2. 청백리정신의 가계와 가통

고봉의 세계(世系)를 보면 초기에는 무인벼슬을 한 선조가 많았으나 하대로 내려오면서 문인으로 바뀌게 되었다. 대대로 경기도 고양(高陽)과 서울에 살아 오다가 물재공에서부터 전남 광주로 내려와 살게 되었다. 『행주기씨대동보』와 「행장」을 근거로 하여 그 선대와 후대를 나누어 세계(世系)를 도표화하면 아래와 같다.

고봉의 부계(父系)를 먼저 살펴보면, 관향은 행주(幸州)로 고봉속현(高峯屬縣)이기 때문에 '고봉'(高峯)이라고 자호를 붙였다. 고려시대에는 그의 집안은 무예에 통달하여 장상(將相)을 지낸 사람이 많았다. 조선조에 접어들어 5대조 면(勉)은 공조전서, 이 분이 고조에 해당하

純祐(高麗門下 平章事) → 守全(門下 平章事) → 弼善(上將軍) → 謙(上將軍) → 節(判閣門下事) → 孝順(門下侍郎判閣事) → 顯(政丞) → 仲平(直長) → 勉(工曹典書) → 虔(判中樞大司憲, 箕伯, 眩庵, 淸白吏, 貞武公) → 軸(豊儲倉副使) → 襸(吏曹正郎 應敎 貞烈公)

- 逈(持平 都承旨 直提學)
- 遠(叅判, 來長城)
  - 大益(進勇校尉)
  - 大有(吏曹判書)
    - 孝諫(錦江, 戶曹參議)
    - 孝說(武科, 萬頃縣令)
    - 孝謹(武科兵曹判書, 皆伯君)
- 适(子容)
  - 大觀(別坐)
  - 大鼎(司憲府 掌令)
- 進(叅奉, 勿齋公)
  - 大臨(承旨) → 孝芬 → 邦獻
  - 大升(大司諫, 高峯, 德原君, 文憲公)
  - 大節(叅奉 掌隷院司評)
- 遵(服齋, 德陽, 文愍公) — 大恒(弘文館正字 漢城判尹 貞堅公)

奇大升

- 長男 孝曾(涵齋)
  - 長男 廷獻(玄風縣監) — 瑗(贈承政院左承旨)
  - 長女 (趙纘韓 : 承政院左承旨)
  - 次女 (韓履謙 : 承旨)
- 次男 孝閔
  - 齡獻
  - 東獻
- 三男 孝孟
- 女 (金南重)

는 건(虔)을 낳았는데, 건은 정헌대부로 판중추부원사가 되었는데, 세종조 때 청백리로 추앙되었고, 문종 말년에 나이 50이 되지 않아 치사하였다. 세조가 제위에 올라 권람(權擥)을 시켜 여러 번 출사할 것을 권장하였으나 끝까지 나가지 않았다. 시호는 정무(貞武)요 정부인

홍씨(洪氏)가 배위(配位)이다. 증조 축(軸)은 풍저창부사를 역임하고, 승정원 좌승지에 추증되었으며, 숙부인 해주정씨(淑夫人 海州鄭氏)가 배위이다. 조부 찬(襸)은 문과에 급제한 후 홍문관 응교를 역임하고, 이조참판에 증직되었고, 시호는 정렬(貞烈)이며, 정부인 파평윤씨와 정부인 안동김씨가 배위이다. 아버지 진(進)은 동생 준(遵)과 같이 학문에 열중하였고, 전주 경기전(慶基殿) 참봉에 제수되었으나 출사하지 아니하였고, 고봉이 광국공신(光國功臣)에 녹훈됨으로 의정부 좌찬성에 증직되고, 덕성군(德城君)에 봉해졌다.

모계를 보면, 외5대조 강석덕(姜碩德)의 자는 자명(子明)이며 호는 완역재(玩易齋)이다. 의정부 좌의정에 증직되었고, 진양부원군이 되었고, 시호는 대민(戴愍)이다. 외고조 강희맹(姜希孟)은 의정부 좌찬성이 되었고, 시호는 문량(文良)이며 진산군(晋山君)에 봉해졌다. 순흥안씨가 배필이 되었다. 외증조 강학손(姜鶴孫)은 장예원 사평을 역임하였고 고령신씨가 배위이다. 조부 강영수(姜永壽)는 충좌위 사과였고, 고령신씨가 배위이다. 어머니 진주강씨(1501~1534)는 기진의 재취로 갑오년 7월 17일에 서거(향년 34세, 고봉 8세)하였으며, 사과 영수(永壽)의 딸로 물재공의 묘에 부좌(祔左)되어 있다. 고봉 기대승은 진주강씨의 5남 1녀 가운데 차남이다. 장남은 대림(大臨), 막내는 대절(大節)이며, 나머지는 요절하였다.

1) 물재 기진(勿齋 奇進)

고봉의 스승 가운데 가장 비중을 차지하는 분은 부친 물재공 기진(勿齋公 奇進, 1487-1555)이다. 자는 자순(子順)이며 관향이 행주로 혈연적으로는 고봉의 부친이며, 학문적으로는 스승이다. 물재공은 5세에 부친을 여의고, 동생 복재 기준(服齋 奇遵, 1492-1521)과 함께 공부하였는데, 하루에 수백자를 외울 정도였다. 경서에 통달하였고 고금의 일에 대하여 모르는 것이 없었다. 널리 배우고 예에 입각하여 살려고 하였으며 과거학에 비중을 두지 않았다. 복재가 조정의 견책을 받아 죽게 되자 벼슬에 뜻을 잃고 말았다. 그러나 모친 숙인김씨 때문에 과거에 응하여 임오년(1522)에 사마시에 입격하였으며, 그 후 5년이 지나 재상의 천거로 인하여 경기전 참봉에 제수되고 장사랑에 올랐다. 그러나 다음해인 무자년에 모친상을 당하고, 3년 상을 마치자 벼슬을 구하지 않고 광주로 이사하였다. 이곳이 고룡리 금정땅이다. 물제공은 학자로 집에 있을 때는 한가로웠으며, 꽃과 나무를 돌봐 가면서 살았다. 역사책을 열람하고 그 득실을 상고하였으며, 만년에는 끼니를 돌 볼 처지가 되지 못하였으나 걱정하는 기색이 없었다. 고봉은 그가 지은 「기부군묘기」(奇府君墓記)에서 다음과 같이 부친의 학문태도에 대하여 말하고 있다.

> 부친은 천품이 정직하고 성실하며 소탈하고 자기 의견만을 주장하지 않았다. 엄하였지만 까다롭지 않고 검소하면서 사치하지 않았다. 책을 읽을 때에는 대의를 파악하기에 힘썼고, 장구의 흉내 내려고 하지 않았다. 쓰신 시문이 수백 편에 달한다.

첫번째 부인은 남양방씨인데 일찍 서거하였다. 지금은 묘소가 실전되어 물재공 묘소의 왼쪽에 단비(壇碑)가 세워져 있다. 둘째 부인은 진주강씨(1501-1534)인데 단정하고 공손하며 은혜로워 부친의 물재공의 배필이 되기에 적합하다고 고봉은 회상하였다. 훌륭한 인품을 가진 강씨는 갑오년(1534)에 작고하고, 물재공은 을묘년(1555) 1월에 서거하였다. 진주강씨가 물재공보다 22년 앞서 서거하였고, 을묘년(1555) 3월 물재공의 묘소를 정비하고, 「묘지」를 지었다. 다음해 3월 모친 강씨의 묘를 이장하여 지금은 물재공의 오른쪽에 안장되어 있다.

5남 1녀를 낳았는데 장남은 송호 대림(松湖 大臨, 1526-1565), 차남이 고봉이며 막내는 대절(大節)인데 그 나머지는 요절하였다. 강씨가 서거하고 난 뒤 물재공은 어린 아이들을 손수 양육하였고, 집에 있을 때는 직접 교사로서의 역할을 하게 되었다.

고봉은 선현들의 훈계를 기록하여 책자로 만들어 항상 그것을 열람하여 자기의 학문과 수양에 도움이 되도록 하였다. 「행장」에는 다음과 같은 부친의 말을 기록하고 있다.

> 내가 아주 어렸을 때부터 부친의 훈계를 받아 오늘에 이르렀으니 이제는 상당히 진전이 있어야 할 것이다. 그러나 기질이 평범하여 거치기가 처음과 같으니, 이 일을 생각하면 항상 스스로 송구스럽다. 일찌기 듣건대, 소강절의 「문견록」(聞見錄)이 있었다고 하니, 배우는 사람은 모름지기 차기(箚記)를 두어 잊어버릴 것에 대비하여야 한다.

그는 계속하여 '위기지학'(爲己之學)에 전념하였으며 과거를 위한 문장에는 마음을 쓰지 않았다. 고봉의 학문적 경향은 부친의 교훈에 따라 효제와 같은 실천적인 문제이며 벼슬을 위한 공부는 아니었다.

「과정기훈」(過庭記訓)은 고봉이 그의 가정교육, 특히 물재공의 직접적인 가르침을 기록한 것이다. 마치 송나라 소백온(邵伯溫)의 「문견록」(聞見錄)이 있는 것과 같은 것이다. 물재공의 교육내용을 보면 대개 아래와 같다.

① 학문은 부지런하고, 반드시 외우고 뛰어 넘어서는 안되고, 읽고, 생각하고, 짓는 것을 병행해야 한다고 보고, ② 교육의 목적은 과거학에 있는 것이 아니라 효도하고 우애하며 조상을 욕되게 하지 않는 인륜적인 것이어야 한다고 말한다. ③ 순수한 마음을 가지고 자연스럽게 행동해야 하며, 유별난 행동을 해서는 안되고, ④ 생업과 효도가 교육의 또다른 목적이라고 한다. ⑤ 물재공은 자신과 가장 친했던 동생 복재 기준과의 우호적인 관계를 설명함으로써 자녀교육의 귀감으로 삼고자 하였고, ⑥ 천문, 역사, 기예 등 얻을 수 있는 것이면 모두 힘써야 한다고 주장한다. ⑦ 교육이란 결국 궁핍한 사람들을 구제하여야 하고, ⑧ 친구를 사귀는 데는 신중해야 하며, ⑨ 벼슬살이하는 것도 좋지만 불현듯 자기의 뜻을 펴기도 전에 재앙이 오기 마련이니 은거하는 것이 가장 좋을 것이라고 하였다. ⑩ 벼슬을 한다면 오래 하는 것도 중요하지만 그것이 최선의 방법은 아니니, 주자가 40여일 밖에 벼슬을 하지 않은 것을 보면 자기의 뜻을 행하려면 조그만 현(縣) 하나만이라도 족하다고 여긴다.

이 내용은 고봉이 물재공의 말 가운데 교훈이 될 만한 것을 회고하여 기술한 것이다. 보다더 넓은 사회의 구제를 위한 교육, 자기의 입지를 펼 수 있는 교육은 사회와 개인의 교육목표에 해당된다. 은거생활을 선호하는 것은 자신의 경험을 바탕으로 하여 자제를 교육하기 위한 것이다. 무엇보다도 교육이란 근본적으로 윤리교육에 중점을 두어야 한다고 강조한다. 7세(1533)부터 부친 덕성군에게 공부를 하기 시작하여 9살 때는 『효경』과 『소학』을 읽었다. 11살이 되어서야 향숙에 나가 『대학』, 『한서』, 한유(韓愈의 문장(韓文)을 읽고 시를 짓기 시작하였다. 이처럼 물재공은 학문적으로 스승이며, 가정교육의 주관자이며, 아버지로서의 역할을 한 훌륭한 가장이었다

2) 복재 기준(服齋 奇遵)

복재 기준(1492-1521)은 자가 자경(子敬)이며 호는 복재 또는 덕양(德陽)이고 시호는 문민(文愍)으로, 응교 찬(襸)의 다섯째 아들이다. 위로는 정무공 기건(貞武公 奇虔)의 증손이며, 물재공의 바로 동생이고, 정견공 기대항(貞堅公 奇大恒, 1519-1564)의 부친이다. 복재는 고봉의 작은아버지로 그의 학문역정에 지주의 역할을 하였다. 인륜도덕으로 효제를 특히 중요시 하였으며, 이를 임금에게 간곡히 아뢰었다. 충암 김정(冲庵 金淨, 1486-1521)과 눌재 박상(訥齋 朴祥, 1474-1530)이 중종의 폐비 신씨(廢妃愼氏, 端敬王后)의 복위에 대하여 거론하자 옥에 가두었는데, 복재는 후한 광무제가 정비(正妃)의 복위를 주장하는 신하를 죽인 것은 비정(秕政)이라고 함으로써 폐비신씨 복위운동의 정당성을 입증하여 충암과 눌재가 죽음의 재앙을 면하게 되었다.

기묘사화(중종 14년, 1519) 때, 훈구파의 남곤(南袞)과 심정(沈貞)이 정변을 일으키자 복재는 정암 조광조의 당류(黨類)로 몰리어 죽창 안정(竹窓 安珽), 연경당 이구(燕敬堂 李構), 부수찬 심달원(沈達源), 승지 윤자임(尹自任)과 더불어 하옥되었다. 정암은 젊었을 때 교유하였고, 사서 김식(沙西, 淨友堂 金湜)과 자암 김구(自庵 金絿)는 늦게 사귄 사람들이었다. 그는 괴이한 언론으로 풍속을 현혹시킨 적이 없다

고 심정을 토로하였으나 예상과는 반대로 사형이 감면되어 장형(杖刑)으로 충남 아산(牙山)에 귀양가게 되었다. 무장(茂長)에 있는 모친이 그리워 배소(配所)에서 산에 올라가 멀리 바라 본 것이 화근이 되었다. 복재에게 배소 이탈의 죄목을 씌우기 위하여 먼저 아산현감 배철중(裵鐵重)을 구금하려 하니, 그가 하옥을 면하고자 복재를 무고(誣告)하였다. 이듬해 2월 길주를 거쳐 온성(穩城)에 이배(移配)되었다.

신사년(1521) 10월 28일, 추가로 도망의 죄가 논의되어 자진(自盡)하라는 하명이 내려왔다. 복재는 뜰밑에 나가 교지를 받고 재배하며, 임금의 최근의 안부를 묻고, 서울의 공경과 시사를 묻고 마지막으로 모친에게 편지를 쓰고 사약을 받았다. 그의 나이 겨우 30세로, 죽기에는 너무도 아까운 나이로 「절명시」에서 그의 애틋한 심정을 이렇게 표현하고 있다.

푸른 바다에 혼은 달에서 노닐고,	滄海魂遊月하고
거친 산에 뼈는 서리 속에 묻혀 있다.	荒山骨瘞霜이라.
인군과 신하는 천년의 의리인데,	君臣千年義인데,
한번 죽으매 남은 상처가 있구나.	一死有餘傷이라.

『덕양유고』(德陽遺稿)를 보고 고봉은 감회가 새로워 사례하는 글을 썼다.

> 천지 사이에 소장(消長)하는 운수에 대해서는 이미 그 까닭을 알 수 없고, 인사의 흥폐(興廢)에 대해서도 그 연유를 알 수 없다. 그렇다면 천년 뒤에 천년 이전의 일을 점검해 본다면, 그 역시 알 수 없을 뿐인 것인가? 비록 그렇다고 해도 시비가 서로 배치되는 것과 현

불초가 품등을 달리하는데 있어서야 또 어찌 모를 것이 있겠는가? 다만 그 알 수 없는 것에 대해서는 또 급히 구하여 행하기를 힘쓰지 않을 수 없는 것이다. 계부의 한 때의 일은 역시 한 두 마디 말로 해명할 수 없는 것이니, 다만 그 알 수 있는 것만을 믿을 뿐인데, 그 알 수 없는 것을 나도 아직 얻어 보지 못하였으니, 더구나 다른 사람에 있어서야 말 할 것도 없다.

복재는 천문을 측정하고 의리를 강구하는데 투철하였다. 『주역』 읽기를 좋아하여 온성에 가는 도중에도 그치지 아니하였다. 죽음에 이르러서도 두려워하지 아니하였으나 충효를 다하지 못한 자책감을 이기지 못하였다. 그의 학문은 경전을 중심으로 한 성리학은 물론 효도를 몸소 실천하는 젊은 지성이었다. 다만 정치적 희생양으로 기개를 힘껏 펴 보지도 못하고, 또 그가 말한 것처럼 끝까지 학문을 다하지 못한 안타까움으로 가득하였다. 가학의 입장에서 보면, 고봉이 복재의 학문을 계승하였다고 볼 수 있다.

그는 함경도 종산서원(鍾城, 鍾山書院), 충곡서원(隱城, 忠谷書院)과 경기도 문봉서원(高陽, 文峯書院), 인산서원(牙山, 仁山書院)에 배향되었으며, 묘소와 그의 공덕을 기리는 덕양재(德陽齋)가 현재 경기도 고양군 원당면 성사리(元堂面 星沙里)에 있다.

3) 함재 기효증(涵齋 奇孝曾)

함재 기효증(1550-1616)은 고봉의 장남으로 자는 백로(伯魯)이며 호는 함재이다. 임진왜란을 당하여 군량미를 운송조달한 의곡장(義穀將)으로 경술년(1550) 8월 10일 광주의 두말에서 태어났다. 그는 문장에 능하였고 경오년(21세, 1570)에 사마시에 입격하여 진사가 되었으며, 문과에 세 번 합격하였으나 당론이 양분되어 격하되었고 신미년(22세, 1571) 10월 15일 부령김씨 매당 김점의 딸과 혼인하였다. 정해년(38세, 1587) 고봉을 위하여 시묘(侍墓)한 곳에 칠송정을 처음으로 건립하였다. 신묘년(42세, 1591) 윤 3월 2일 광국원종공신에 녹훈되고 연은전 참봉 조지서 별제가 되었으며 다시 장악원직장(掌樂院直長)이 되었으나 취임하지 않았다.

임진년(43세, 1592) 외구(外寇)의 침략으로 나라가 위태롭게 됨에 함재공(涵齋公)은 6월 10일 도내에 격문을 발송하고, 8월 1일 도매 각 군현에 통고하였고, 15일에는 행재소의 근왕을 위한 모병공문을 발송하였다. 20일 익호장군 김덕령(金德齡)을 위하여 통문을 발송하였다. 남포에 도착하여 장사에게 보내는 방문(榜文)을 썼으며 12월 6일 의선(義船)의 정병(精兵)과 사공의 일을 하는 격군(格軍)의 신령과 강화 패선의 사녀(士女)에게 제사하였다. 12월 10일 「유군중문」(諭軍中文)을 지어 독진(禿津)에 방을 붙였다. 24일 강화에서 의병(義兵), 의곡(義穀)을 처치하는 일로 상소하였다. 「동궁상소」(東宮上疏)도 같은 날에 올렸다.

계사년(44세, 1593) 2월 1일 군량미를 입계하는 단자를 쓰고 또 의병을 모으니 의병장으로 추대 되었으며, 9월 나주와 강화에서 의곡(義穀) 3천 2백석과 의병(義兵) 4백 60인으로 배를 띄워 다음해 정월 19일 바다를 건너 멀리 용만(龍灣)에 도달하여 차련관(車輦館)의 뒤 행재소(行在所)에서 어가(御駕)를 맞으니 선조가 "고생스럽게 멀리 와주어서 내 몹시 반갑고 기쁘다"하고 "겨울 풍랑에 무사히 당도한 것이 희귀한 일이다."라고 하였다. 당시 왕을 시위하는 군사가 매우

허술하다가 이 곡식과 군사를 얻어 비로소 모양이 이루어졌다. 그 해 4품을 하사하고 군기시 첨정 동복현감을 제수하였으나 전공이 없다 하고 상소하여 사양하였다. 병신년(47세, 1596) 8월 18일 모부인 정부인 함풍이씨의 상을 당하였다. 정유재란을 당하여 동생 효민과 효맹이 전사하고 두 제수와 누이가 투신자살하였다.

함재는 고봉 선생 비음기(碑陰記)를 짓고 문집을 발간(發刊)하려고 연보를 초록(抄錄)하고 유고(遺稿)를 모았으며 갑인년(1614, 65세) 2월 하순 『양선생왕복서』에 「후지」(後識)를 지었다. 병진년(광해군 8년, 1616, 67세) 3월 12일 두말(斗亭洞)에서 향년 67세로 영면하였다. 정사년(사후 1년, 1617) 4월 현주 조찬한이 「비음기」(碑陰記)를 지었다. 『함재근왕록』에는 연안공 문충공 해석 김재찬(文忠公 延安人 海石 金載瓚)의 「발」(跋)이 실려 있다. 함재의 후손 교리 기학경(奇學敬)이 『근왕록』을 간행하려고 해석(海石)에게 요청하였다. 무신년(1968) 7월 하순 다시 간행하면서 14세 사손 영환옹(永桓翁)이 그 내역을 다시 기록하였다.

현재 함재공이 지은 「고봉 선생비음기」가 실린 『근왕록』(勤王錄) 1권이 세상에 전하고 있으며, 함재공은 물재공을 기리는 용동사(龍洞祠)와 장성 오산사(鰲山祠)에 배향되고, 묘소는 현재 월봉서원 서쪽에 있으며, 숙인(淑人) 부령김씨는 참봉 매당 김점의 딸로 부우(祔右)되어 있다.

3. 고봉이 살아온 역정(歷程)

1) 학문에의 정진과 그의 영민성(英敏性)

고봉 기대승은 중종 22년(1527) 11월 18일 갑진시에 광주의 소고룡리 송현동 집에서 태어났다. 고봉의 관향은 행주인데 지금의 경기도 고양군이다. 대대로 서울에 살았는데 물재공이 그의 동생 복재(奇遵)와 더불어 유학하였는데 복재가 기묘사화에 연루되자 세상일에 뜻을 두지 않게 되었다. 어머니가 돌아가심에 복을 마치고 마침내 광주로 내려와서 살았는데 고봉이 태어났다. 7세(1533)에 비로소 가정에서 기초적인 수업을 받기 시작하였는데 태도가 침착하고 중후하여 마치 성인의 행동과 같았으며 여러 아이들이 노는 것을 보면 미소를 지을 뿐 별로 말이 없었다. 글을 읽을 때 쉬지 않고 똑바로 앉아 조금도 흐트러짐이 없었는데, 옆에서 힘들지 않느냐고 물으면, 고봉은 "나는 이렇게 하는 것을 스스로 즐긴다."라고 하여 단정한 외모가 몸에 배어 있었다. 8세(1534)에 어머니 진주강씨가 돌아가시니 애통과 슬픔을 이겨내지 못함이 성인과 같았고, 슬픔을 이기지 못함을 차마 옆에서 보지 못할 정도였다. 9세(1535年)에 유교의 수신서인 『효경』을 읽기 시작하였다. 『효경』을 한자한자 베껴 쓰는데 글자가 바르고 단아하였으며 『소학』을 모두 암송하였다. 고봉의 형 참봉공이 밖에서 씨름구경을 하고자 하였는데, 아버지 물재공이 이를 알고 불러들였다. 형 참봉공이 벌줄 것을 예감하고 달아나고자 하였는데, 고봉이 그의 손을 잡고 "어른이 부르시는데 형이 도망간다면 어른의 노여움을 가중시킬 것이니 허물이 깊습니다."라고 하며 눈물을 흘리면서 아버지

앞에 함께 돌아왔다. 사려가 분명하고 어른과 같은 이성적인 행동을 하였다.

10세(1536)에는 매일 새벽에 일어나 한 곳에 정좌하고 마음을 가다듬어 외우고 읽기를 그치지 않았다. 공부하는 태도가 진지하고 정연하였다. 11세(1537) 아버지 물재공이 서울로 떠남에 비복으로 하여금 고봉의 형제를 돌보도록 하였다. 하루는 여종과 그 남편이 침실에 앉아 있었다. 고봉이 밖에서 들어오다가 곧바로 서서 뚫어지라고 쳐다보았다. 여종이 식사를 권하니 대꾸도 하지 않고 울기만 하였다. 여종이 꾸짖으니 밤새 자지 않았다.

11세부터 향숙(鄕塾)에 나가 배우기 시작하였다. 『동몽』을 배우고 『대학』을 배웠는데, 동료들이 배우는 것까지 아울러 환히 알고 있었다. 『중용』『맹자』 등 경서를 함께 외웠다. 고봉의 해박한 육갑·상생(六甲·相生)의 이치를 보고 김집(金緝)이 탄복한 적이 있었다. 그는 고봉이 집안의 제일의 학자인 덕양 기준(德陽 奇遵)을 이었다고 칭찬이 자자하였다. '너의 작은아버지 덕양이 성리학을 연구하여 사림의 종장이 되었는데, 네가 또 그 일을 잇는구나!'라고 하였다. 곧바로 '식'(食)자를 주어 연구(聯句)를 짓도록 하니, 고봉이 즉석에서 응답하여 말하기를 '먹음에 배부름을 구하지 아니함이 군자의 도리이다'(食無求飽君子道)라고 하여 『논어』의 말을 인용하니, 칭송과 탄복이 계속 교차되었다.

12세에 『중용』『고문진보』 전집(前集), 『맹자』 등의 책자를 읽고 '고부'(古賦)를 읽고 외웠으며, 13세에 『고문진보』 후집(後集)을 수백 번 읽고 마쳤으며 『사략』을 읽으니 한문의 문리가 훤히 트였다. 일찍부터 많은 독서와 숙고를 하여 학문적 진전이 눈에 보이도록 분명하였다.

14세(1540)에 『논어』를 끝내고 『서경』을 모두 외웠으며, 항상 『통감강목』 읽기를 좋아하여 날마다 독파하여 한 권을 마쳤으며, 문을 닫고 고요히 정관하여 먹고 자는 것까지 잊을 정도였다. 15세(1541) 때 돌아가신 아버지의 훈계를 손수 기록하여 좌우에 붙여 놓고 날마다 실천하기를 힘썼다.

이 해 늦은 봄에 「서경부」(西京賦) 130구(句)를 지었다. 다음 해부터 시부(詩賦), 조정몽주부(弔鄭夢周賦)를 지어보고 의정부부(議政府賦)와 고소대부(姑蘇臺賦)를 백여구씩 지었으며 『주역』을 읽었는데 침식을 잊을 정도로 열심히 배우고 연구하였다. 17세(1543) 때, 고봉이 그의 어머니가 일찍 돌아가심을 추도하였으나, 나이가 어려 상복을 입지는 못하였다. 기일이 올 때마다 첫번째 한 달은 흰옷을 입고 거친 음식을 먹으며 어머니를 추모하였다. 독서에 심취하여 『전한서』, 『후한서』, 『동국여지승람』과 같은 역사서까지 독파하였다.

2) 청년시절의 이상과 수양

18세(1544) 한유(韓愈)의 문장(韓文)을 읽고 『문선』(文選)을 강독하고 『상서』의 대문(大文)을 읽었다. 또 『심경』을 읽고 의리를 강구하며 뜻을 독실히 하고 힘써 실천하였으며, 문장은 과거형식을 취하지 않았다. 중종이 서거함에 졸곡 때까지 곡하고 거친 음식을 먹었다. 이듬해(1545) 인종이 서거함에 졸곡 때까지 곡하고 거친 음식을 먹었다. 을사년 사화로 인한 사림의 재앙을 듣고 종일 먹지도 않고 울었으며 문을 닫고 나가지 않았다. 일찍이 글을 지어 스스로를 경계하였다. 이것이 바로 「자경설」(自警說)이다.

20세(1546) 가을 향시의 진사시에 응시하여 2등으로 합격하였고, 이듬해 정월 성균관에 유학하였다. 22세(1548) 나주 이종수(李從遂)의 증손이며, 충순위(忠順衛) 이임(李任)의 딸 함풍이씨와 혼인하였다. 이듬해 일제 이항(一齋 李恒)를 방문하였다. 이 때 사마양시(司馬兩試, 생원시와 진사시)에 모두 2등으로 합격하였으며, 24세 되던 8월 10일 아들 효증(孝曾)이 출생하였다.

25세(1551) 때, 알성시에 나아가 급제할 수 있었는데, 윤원형(尹元衡)이 그 이름을 살피기를 꺼려하여 낙제되자 곧장 고향으로 내려왔다. 28세(1554) 동당향시의 시험에 나가 장원하였다. 봄에 스승인 용산 정즐(龍山 鄭騭)을 조문하였다. 29세(1555) 정월 15일에 부친 물재 기진(勿齋 奇進)의 상을 당하다. 3월에 집 뒤의 동산 경좌(庚坐)에 장례를 모시고 「묘지」(墓誌)를 지었다. 30세 되던 해 3월, 선비 강씨의 묘를 옮겨 부친의 묘 오른쪽에 따로 모시고, 「천묘기」(遷墓記)를 지었다. 31세(1557) 3월 부친의 상복을 벗고, 이 달 서석산과 월출산을 유람하였다. 이 때 『주자문록』(朱子文錄)이 완성되었는데, 정자 송정황(正字 宋庭篁)이 발문을 지었다.

32세(1558) 4월, 두류산(頭流山)을 유람하였고, 7월에 하서 김인후(河西 金麟厚, 1510-1560)를 방문하였다. 8월에 고양으로 가서 선조의 묘소에 성묘하였다. 마침 추만 정지운(秋巒 鄭之雲, 1509-1561)이 찾아와 『천명도설』(天命圖說)을 강론하였다. 10월에 문과 을과에 장원하고 퇴계를 찾아가 뵙고 사단칠정을 처음으로 논의하였으며, 11월에 다시 고향으로 돌아왔다. 이듬해 「사단칠정설」을 지었다. 34세(1560) 8월, 퇴계에게 글을 써 사단칠정을 논하였다. 이듬해 9월, 아들 효민

(孝閔)이 출생하였다.

3) 원숙기의 통유(通儒)의 삶

36세(1562) 때, 검열을 제수 받고 다시 봉교로 승진하다. 이듬해 정월에 조정에 나아가 사은하고, 3월에 승정원 주서와 겸직은 전과 같았으며, 4월에 다시 예문관 봉교를 제수 받았는데 병환을 말씀드리고 체직되어 주서로 옮겨 제수 되었다. 5월에 낮은 벼슬로 있던 중 봉교에 체직되어 부사정을 제수 받았다. 8월 16일에 변박 당하여 남귀(南歸)하였다. 즉 이양(李樑)이 사헌부로 하여금 고봉과 박소립(朴素立) 윤두수(尹斗壽) 윤근수(尹根壽) 이문형(李文馨) 허엽(許曄)을 논박케 하고 고봉을 우두머리로 삼아 무거운 죄를 지우려고 하였다. 이 때 삭탈관직을 당하고 멀리 남쪽 고향으로 아무런 거리낌도 없이 홀가분한 마음으로 남귀하였다. 며칠 뒤 옥당에서 판윤공 기대항(奇大恒)의 상소에서 이양의 죄상을 논핵하였기 때문에 그가 쫓겨났다. 이러한 반전의 기회를 타, 고봉이 복명하고 등용되었다. 19일에 고향으로 돌아왔고, 9월에 다시 예문관 봉교와 이전의 관직을 제수 받았다. 이 달 25일에 동궁의 부음을 듣고 애도하였다. 10월에 조정에 나가 사은하고 독서당에 뽑혀 들어갔다. 11월에 선무랑을 제수 받고 홍문관 수찬 겸 경연검토관 춘추관 기사관에 제수 되었다. 38세(1564) 3월 병을 말씀드려 수찬의 자리를 옮겨 전적 겸 지제교를 옮겨 제수 받았으며, 6월에 홍문관 부수찬 지제교 겸 경연검토관에 제수 되었다. 이 때 고봉이 경연에 입시하여 다음과 같이 언로의 개방과 직소, 직간을 받아들이도록 하였다.

> 국가의 안위는 재상에 달려 있고, 임금의 덕을 성취시키는 책임은 경연에 있으니, 경연의 소중함이 재상과 다를 것이 없습니다. 그러나 임금의 덕이 성취된 다음에야 능히 재상의 현부를 알아서 임용할 수 있을 것이고 보면 경연이 더욱 중한 것입니다. 지금 성덕이 숙성하고 성리학에 마음을 두고 계시므로, 지금부터 부지런히 경연에 나오신다면 날로 성취됨이 있을 것이니, 어찌 다행한 일이 아니겠습니까?

10월에는 다시 병조좌랑 지제교에 제수되고, 12월 성균관 전적을 제수 받고 병을 말씀드려 옮겨 병조좌랑에 제수되었다. 39세(1565) 2월에 병조좌랑에 제수 되고, 6월 승의랑을 제수 받았으며 성균관 직강 지제교에 제수되고, 이 달에 또 이조정랑 지제교를 제수되었다. 10월 교서관 교리를 겸하였으며, 11월에 고향으로 간다고 말씀드리고 큰어머니 방씨의 묘에 참배하였다. 묘소는 청주 수신리에 있는데 왕래하는 길에 매양 참례하였다. 12월 소재 노수신이 진국원에 당도하였을 때, 그를 방문하고 「인심도심설」에 대하여 논의하였다. 소재는 정암의 말을 근본으로 하였는데 그 뒤에 「곤지기론」을 지어 이를 변론하였다. 40세(1566) 4월 통덕랑을 제수 받고 예조정랑 지제교가 되었으며, 6월에 순천부사 김계가 두 임금의 뜻을 물어왔는데 뒤에 '이주설'(二主說)'을 지어 주었다. 10월 통선랑에 제수되고, 홍문관 교리와 이전의 관직을 제수받았다. 이 달에 또 사간원 헌납 지제교에 제수되고, 재차 소명이 있어 조정에 나가 사은하였으며, 이 달에 사인(舍人)으로 오르고 나머지 관직은 이전과 같았다.

41세(1567) 2월 사헌부 장령 지제교에 제수되고, 3월 성균관 사예 지제교에 제수되었으며, 4월 사인 지제교에 제수되고 이 달 사헌부

장령에 제수되었다. 5월 홍문관 응교와 이전의 관직을 제수받았다. 명종이 훙거하고 선조가 즉위한 후, 조사(詔使) 허국(許國)과 위시량(魏時亮)이 우리나라에 들어 올 때, 원접사 종사관으로 관서에 나갔다. 두 사신은 학자로서 우리 조정을 향해 어려운 질문을 던졌는데, 고봉이 이들의 질문에 모두 응수하였다. 10월 조산대부를 제수 받고 사헌부 집의와 이전의 관직을 제수 받았다. 이 때 경연에 나가 조강(朝講)에서 다음과 같이 말하였다.

> 천하의 일은 반드시 시비가 있는 법이니, 시비에 밝지 못하면 인심이 복종하지 않아 경사가 전도될 것입니다. 과거 중종 초기에 조광조가 끊어진 도학을 제창하여 밝혀서 임금과 백성을 요순시대처럼 만드는 것을 자신의 책임으로 삼았었는데, 불행히 간악한 소인의 모함을 받고 귀양가서 죽기까지 하였으니, 지금까지 사람들이 원통하게 여기고 있습니다. 광조의 학문은 김굉필에게서 전해 받았고, 굉필은 김종직에게서 전해 받았으며, 종직은 정몽주를 스승으로 삼았으니, 그 연원의 유래한 바가 바르고 순수하여 흠이 없었습니다. 그리고 이언적은 한 때의 명유로 억울하게 죄를 입어 멀리 서쪽 변방에 귀양가서 죽었습니다. 이상의 두 선비는 이름이 죄적(罪籍)에 들어 있는 채 오래도록 신설(伸雪)되지 않았습니다. 이제 성명께서 즉위하시어 그 사정을 밝게 아셨을 터이니 의당 먼저 그들을 표창하여 존중하소서. 이렇게 되면 국시(國是)가 정해지고 인심이 복종할 것이니, 선대(先代)에 있었던 일이라 핑계를 대고 그냥 놔두어서는 안될 것입니다.

정묘년(1567) 11월 4일, 고봉은 조강(朝講)에서 정암 조광조(靜庵 趙光祖)의 인물에 대하여

> 조광조 같은 어진 선비로서 죄인이 된 경로를 논한 바 있아온데, 광조는 보통의 어진 사람이 아닙니다. 대체로 그의 자질은 수려하고, 학업은 순수하니 진실로 불세출의 큰 선비였습니다. 이미 장원에 등과하였을 때 어진 선비들이 다 우두머리로 삼았으며, 재상의 지위에 발탁되자 광조는 스스로 훌륭한 왕을 만났으니, 도술을 밝히고 인심을 맑게 하여, 그로써 세상을 당우(唐虞)시절로 만들고 군왕을 요순으로 만들 것을 마음 먹었습니다. 불행히도 소인으로 인하여 참소되고 이간(離間)되었으니, 필경 큰 죄인이 되어 버렸던 것입니다.

42세(1568) 정월 봉정대부를 제수 받고, 홍문관 직제학 겸 교리관 판교와 이전의 관직을 제수받았다. 2월 통정대부에 오르고 승정원 동부승지 지제교 겸 경연참찬관을 제수받았다. 이 달에 또 우부승지로 올랐으며 나머지 관직은 같았다. 3월 전위사(餞慰使)로 의주에 갔다가 이 달에 복명하였고, 4월 병으로 승지를 그만두고 성균관 대사성에 제수되었고 나머지 관직은 같았다. 7월 퇴계를 만났으며, 이를 계기로 하여 12월 『성학십도』(聖學十圖)에 대하여 논의하게 되는 원인이 되었다. 8월에 병조참의에 제수 되었다. 11월에 승정원 우부승지에 제수되었으며, 11월 19일 석강(夕講)에서 그는 다음과 같이 말한다.

> 착한 사람이 조정에 모여 기맥(氣脈)이 성장하면 사정(邪正)이 소장(消長)하는 징후가 판결이 날 것입니다. 만일 일이 혼동된다면 군자는 반드시 물러나고 소인은 반드시 이길 것이니, 이는 자고로 그러한 것입니다. 선왕(先王) 초년에는 군자라고 할만한 사람이 많았다고 할 것입니다. 윤원형은 외척의 간사한 우두머리로 공의(公議)

의 빈척(擯斥)을 받게 됨을 스스로 알고 있기 때문에 이기(李芑), 정순명(鄭順明), 임백령(林百齡)의 무리와 당(黨)을 꾸며 가면서 큰 재앙을 빚어냄으로써 사류를 모조리 헤아릴 수 없는 지경 속으로 떨어뜨렸던 것입니다. 근대에 있어서 이보다 더 큰 재앙은 없을 것입니다.

12월 우승지에 올랐고, 이 달에 퇴계의 『성학십도』(聖學十圖)에 대하여 논란하였는데, 퇴계가 『성학십도』를 보내면서 잘못된 곳이 있으면 지적하여 달라고 요구하였다.

43세(1569) 3월 동호(東湖)에서 퇴계를 전별하였다. 강변의 농막에서 같이 자고 봉은사 배에서 다시 보내면서 「퇴계를 보내며」라는 시 한 구절을 지어 주었는데, 퇴계도 글을 지어 주었다. 또 퇴계가 「매화시」 8절을 지어 고봉에게 보이며 화답하도록 하였다.

이 달에 대사간에 제수 되었다. 4월 16일, 문소전을 봉심한 뒤 대궐에 나갔으며, 이 달에 좌승지에 제수되었다. 6월 4일 한낮에 문정전에서 알현을 청하여 김개(金鎧)의 사건을 분명히 밝혔다. 7월 병을 말씀드려 승지를 그만두었고, 8월에 성균관 대사성에 제수 되었으나 9월 병으로 대사성을 그만두다.

44세(1570) 2월 고향으로 내려왔다. 한강으로 나와 유숙하는데 조정의 많은 사람들이 전별하였다. 운강 김계, 잠재 김취려와 같이 강변에서 자는데, 지난 해 퇴계를 송별하는 운을 따라 고봉이 절구(絶句)를 지어 주었다.

돌아가는 천리길 시름이 그득한데,	千里歸程欲斷魂한대
내 사는 집 자욱한 안개 대궐문을 가리웠네.	終南煙霧掩脩門이라.

우리 임금의 사랑이 온누리를 비취는데,	吾君聖明無遺照한대
남의 기롱 두려워 번거로움 꺼리지 않네.	恐被人譏不憚煩이라.

세월은 물처럼 흐르는데,	歲月悠悠水共流한대
천기는 머무르지 않는구나.	天機如許不曾留라.
작년에 서글피 이별한 곳에서	前年惜別傷心地에
오늘도 돌아가니 절로 슬퍼지네.	今日南歸亦自愁라.

5월에 낙암(樂庵)이 이루어졌다. 고마산 남쪽으로 그 암자 아래 동쪽에 또 몇 칸의 집을 짓고 찾아오는 학자들을 거처케 하였는데 이를 '동료'(東寮)라고 이름 붙였다. 고봉이 퇴계에게 주는 편지글에 "집 가까운 산언덕에 조그만 암자를 새로 지었습니다. 벼슬을 그만두고 쉬는 장소로 삼고자 하여 '낙'(樂)자라 하였습니다. 대개 앞의 편지에서 말씀드린 '가난할수록 더욱 즐길 수 있다.'라는 말에 하찮은 저의 마음의 바람을 붙인 것입니다."라고 하였다. 6월 부경사에 제수되었다. 이 때 고봉의 의기가 부합하지 않아 퇴직하고 돌아왔는데 조정에서 부경사를 내렸기 때문에 글을 올려 진정하였다. 12월에 퇴계의 부음을 듣고 슬피 애통하였다.

45세(1571) 정월 퇴계가 살던 안동 도산에 조문하고 제사를 올렸다. 이 때 문원공 회재 이언적(晦齋 李彦迪)의 「신도비명」을 지었다. 2월 19일 종가에서 시제(時祭)를 모시고 늦게 귀전암(歸全庵)에 가서 구경하였다. 이 때에 효증(孝曾), 유은(柳溵), 김경생(金景生), 이운홍(李運鴻), 곽호(郭顥) 등이 따라오다가, 고봉이 산중턱을 보고 효증을 불러 한 곳을 가리키며 말하기를 "사람의 일이란 알 수 없는 것이다. 훗날 내가 죽거든 반드시 이곳에 장사지내도록 하여라."라고 하였다.

3월 13일 가묘를 떠나 서석산(무등산)에 오르니 문인 가운데 따르는 사람이 대단히 많았다. 이 달에 돌아가 가묘에 참배하였다. 4월에 홍문관 부제학 겸 경연관 수찬 예문관 직제학에 제수 되고 소명이 있었다. 5월에 글을 올려 관직을 그만두었다. 이 달에 제자와 더불어 「태극도」를 강론하였다. 8월에 순천 선비 허사증(許思曾)이 「옥천서원기」를 청하여 지어 주었다. 9월 이조참의에 임용되었다.

46세(1572) 2월에 아들 계업(啓業)이 태어나고, 같은 달 성균관 대사성에 제수 되었다. 25일에 돌아가신 어머니의 묘소를 참배하였고, 27일에 조정의 명을 받았다. 이 때 고봉은 종계변무주청사(宗系辨誣奏請使)로 부름을 받고 서울에 갔으나, 병으로 체직하고 돌아갈 때 도성 명사들이 한강으로 나와 전별하였는데 한 명사가 묻기를 "공과 같은 문장과 도덕으로 어찌 만언소(萬言疏)를 올리지 않고 돌아가는가?"하니 고봉은 "임금이 들어주지 않으면 자기 재능만 들어내 보이는 것일 뿐 국가에는 도움이 없는 것이다"하였고

또 묻기를 "사대부로서 사회에 몸을 세우고 처신함에 있어 시종 지켜야 할만한 것이 있다면 무엇인가?"하니 대답하기를 "기(機)·세(勢)·사(死) 세 글자면 충분히 해 나갈 것이다"하였다. 이는 대개 군자의 출처는 마땅히 먼저 그 기미를 살펴 의리에 어긋나지 않게 해야하고, 다음은 반드시 때를 알아 형세를 살펴 구차하게 되는 일이 없게 하여야 하며, 끝으로 죽기까지 선도(善道)를 지키는 것으로 기약을 삼아야 하는 것을 뜻한 것인데, 그 말을 들은 사람들이 탄복하였다. 이달에 대사간을 제수 받았다. 4월 2일 일재 이항(一齋 李恒, 1499-1576)을 방문하였다. 5월에 병으로 대사간을 그만두고, 7월 공조참의 지제교에 제수 되었다. 9월에 대사간에 제수 되었으나 당일

병을 말씀드려 얼마되지 않아 대사간을 그만두었다. 10월 3일 고향으로 돌아오니 온 조정사람이 전별하였다. 10월 10일 천안에 도착하여 비로소 발병하였고, 15일 태인에 도착하여 더욱 극심하여 곧 관사에 머물렀다. 25일에 병이 위독하니 매당 김점(梅堂 金坫)이 급히 와서 할말을 물으니 고봉은 다음과 같이 대답하였다.

> 오래 살고 짧게 사는 것은 명이며 죽고 사는 것은 하늘입니다. 염려하지 마시오. 다만 어려서부터 재주가 조금 있어 글쓰는데 힘쓰다가 마침내 성현의 학문에 뜻을 두었는데 중년 이래로 좀 얻은 것이 있다고 해도 공부가 완전하지 못하여 항상 본래의 뜻에 부응하지 못하여 떨면서 날로 근심스러웠습니다. 스승과 제자 사이의 옛성현의 뜻을 이어 의논한 것은 저도 부끄러워하지 않습니다. 다만 사업이 옛사람에 미치지 못하여 송구스럽고 근심스러울 따름입니다. 비록 그러하나 하늘이 몇 년을 더 연장해 준다면 시골에 노닐며 학자와 더불어 그 시종을 강론한다면 이 또한 큰 행복일 것입니다. 그러나 병이 이미 여기에 이르렀으니 어찌 하리요?

집안일에 대하여 물으니, 대답하기를 "하찮은 전답이 몇 두락있으니 자손이 생활은 할 것입니다."라고 하고, 또 "내가 당신의 집에서 죽으려 하니 내일 꼭 떠나야 합니다. 당신의 집에는 자부가 있으니 우리집과 다름이 없습니다. 내 그대의 집에 가서 죽고 싶습니다."라고 하였다. 28일에 명을 받은 사람이 매당(梅塘)으로 가기를 재촉하고 돌보는 사람이 관사에 머물기를 청하였다. 고봉은 "내 장차 죽을 것이다. 어찌 관청에서 죽겠는가?"라고 하였다. 가마에 오르려 함에 부추겨 옷을 단정히 입고 갓을 씌우도록 하였으나 돌보는 사람이 곧

바로 차려주지 않으니 기어코 갓을 쓰고 가마에 오르게 하도록 하였다. 저녁 무렵 매당에 이르러 가마에서 내려 옷을 걸치고 방에 들어가 주위 사람이 건강상태를 물으니, 대답하여 말하기를 "내가 여기에 도착하니 좀 소생하는 것 같다. 손님이 많으면 본댁에 폐단이 되니 여러분은 머물지 말고 각기 집으로 돌아가는 것이 좋을 것이오."라고 하였다. 이 날 임금이 고봉의 병이 중함을 듣고 어의(御醫)를 특파하였다. 어찰에는 다음과 같이 기록되었다.

> 이제 그대가 태인에 도착하여 볼기에 종기가 나고 또 상기증(上氣症)을 앓고 있다고 하니 실로 내마음이 아프다. 어의(御醫) 오변(吳忭)을 보내어 약을 주어 내려보내니 그대는 이 약을 먹고 몸을 조절하라.

어의(御醫) 오변(吳忭)을 파견하였으나 고봉의 생명을 구하지는 못하였다. 30일 저녁에 고봉이 효증을 불러 말하기를 "너는 경박하니 뜻을 함축하면 근심이 없을 것이다."라고 하였다. 말을 마치자 눈을 감았다. 밤 2경에 증세가 심하여 돌보는 사람이 약을 들도록 청하였으나 대답이 없었다. 4경에 큰 바람과 우뢰가 일더니 고봉이 서거하였다. 닭이 이미 울었으니 곧 11월 초하루였다. 고봉이 태인에 있을 때 원근의 문인과 유생 수십인이 문병하였고 매당에 이르러 환우를 묻고 돌아갔다. 부음이 널리 알려지니 서울에 사는 사우(師友)들은 종남우사(終南寓舍)에 모여 조곡하였으며, 조정에서는 장례를 관장할 것을 청하였다. 곧 그 다음해 계유 2월 초파일 나주 북쪽 오산리 너브실 묘좌유향의 언저리에 안장하였는데, 원근에서 장례 때에 모인 사람들은 수백인이 되었다.

제문을 보내준 사람만 해도, 지음(知音)으로 전라감사 퇴우당 유홍(退憂堂 兪泓), 안성군수 서엄(徐崦), 영광군수 안용(安容), 능성현령 만헌 정염(晩軒 丁焰), 전행진주목사 송천 양응정(松川 梁應鼎), 전라도사 임추(林樞), 광주목사 민철명(閔哲命), 향인 진사 김관(金瓘), 우인(友人)으로 이조참의 운강 김계(雲岡 金啓), 장흥부사 정인관(鄭仁寬), 첨지 손암 심의겸(巽菴 沈義謙), 나주목사 김우홍(金宇弘), 예조참의 황강 김계휘(黃岡 金繼輝), 옥천후인 조유성(玉川後人 趙惟誠), 급문제자로 일휴당 최경회(日休堂 崔慶會), 서맹종(徐孟宗), 김경생(金景生), 산천재 이함형(山天齋 李咸亨), 오봉 이호민(五峯 李好閔), 송강 정철(松江 鄭澈) 등 다양하였으며 소재 노수신(蘇齋 盧守愼) 등 55인의 만장(挽章)이 문집에 남아 있다.

무인년(선조 11년, 1578, 사후 6년) 낙암 아래에 위패를 모시고 석채례를 행하였다. 이것이 이른바 망천사(望川祠)이다. 경인년(선조 23년, 1590, 사후 18년) 광국공신(光國功臣)에 녹훈(祿勳)이 되고 수충익모 광국공신 정헌대부 이조판서 겸 홍문관대제학 예문관대제학 지경연 의금부 춘추관 성균관사(輸忠翼謨 光國功臣 正憲大夫 吏曹判書 兼 弘文館 大提學 藝文館 大提學 知經筵 義禁府 春秋館 成均館事)에 추증되고, 덕원군(德原君)에 봉하여졌다. 임진년(선조 25년, 1592, 사후 20년) 왜란이 일어난 뒤 망월봉 아래 동천 위에 서원을 세웠다. 이것이 사우에서 보다 체계를 갖추어 서원의 규모를 확립한 것으로, 고종 때 자진 훼철할 때까지 지속된 서원이다.

병술년(인조 24년, 1646. 5. 25. 사후 74년) 문헌(文憲)이라는 시호가 하사 되였다. 옛글을 널리 통하는 것을 문(文), 기록할 만한 모범적인 선행이 있는 것을 헌(憲)이라고 하였다. 이 사실은 『연보』에는 보이지 않지만 『인조실록』에 기록되어 있어 그 연대를 확실히 알 수 있다. 「시장」(諡狀)은 택당 이식(澤堂 李植, 1584-1647)이 지었는데, 제작연대는 시호의 하사가 있기 바로 이전이라고 봐야 할 것이다. 즉 택당이 63세 되던 봄에 이 「시장」을 쓴 것이라고 보는 것이 합리적이다.

갑오년(효종 5년, 1654. 8. 19., 사후 82년) 월봉서원(月峯書院)이 사액되었다. 사액을 요청하는 상소는 청사 고용후(晴沙 高用厚)가 유림의 대표로 「청액소」(請額疏)를 작성하였다. 이 「청액소」에 의하면, 퇴계가 고봉의 학문을 높이 평가한 말을 아래와 같이 인용하고 있다.

> 조정에 나오지 않았을 적에는 명성이 원근에 널리 퍼졌고, 나오자마자 온 나라의 이목이 그에게 집중되었습니다. 태극을 논의하는데 있어서는 충분히 사람들의 뜻을 개발해 주고, 사람들의 안목을 열어 주었기 때문에 호남에 이같은 인물이 있다는 것을 알게 되었습니다.

고봉은 조정에 나가기 이전과 이미 조정에 나간 이후 그 명성이 온 나라에 널리 알려진 학자이며 관료였다. 호남의 대표적인 인물로 특히 그의 예학적 조예에 대해서는 내외가 탄복할 정도였다. 청사는 다시 퇴계의 말을 인용하여 고봉을 "이학(理學)에 대해 소견이 뛰어난 통유(通儒)"라고 평가하였다.

4. 쟁쟁한 학인(學人)의 연수(淵藪)

1) 심혈을 기울인 그의 저술

(1) 『고봉 선생문집』 15권

『고봉 선생문집』(高峯先生文集)은 현재까지 모두 15책으로 『원집』 3책, 『속집』 2책, 『부록』 1책, 『논사록』 상하편 1책, 『양선생왕복서』 3책, 『양선생사칠이기왕복서』 상하 1책, 『주자문록』 상중하 속 4책이다. 고봉 선생의 장자 함제 기효증(涵齊 奇孝曾 1550-1616)이 선친의 유고를 정유제란으로부터 온전하게 보전하고 문집 발간을 위해 년보에 경연 내용을 기술한 년보 1책과 원집 3책을 정리하였고 다시 누락된 시문 등을 정리 기록하여 후일 속집 2책을 간행하는 기초가 되었다. 『원집』 3권 3책은, 고봉이 서거한지 57년이 되는 기사년(1629) 11월, 그의 손녀서인 현주 조찬한(玄洲 趙纘韓, 1572-1631)이 선산부사로 있을 때, 여헌 장현광(旅軒 張顯光)과 계곡 장유(谿谷 張維)의 서문을 받아 간행하였다.

제1책은 서문과 연보가 수록되어 있으며 시문(詩文)이 담겨있다. 제2책은 명나라에 보내는 여러 가지 표문(表文), 「광주향교 대성전 상량문」, 「변무주청문」(辨誣奏請文), 「문소전의문」(文昭殿議文), 「이주설」(二主說) 등이 실려 있다. 제3책은 퇴계선생 묘갈명이 있다. 이 글은 퇴계선생이 손수 지어놓은 자명(自銘)에다 고봉 선생이 병서(竝書)한 것이다. 또 회재(晦齋 李彦迪)선생 신도비명병서, 퇴계선생 부군 찬성공 묘갈명(贊成公 墓碣銘) 등 여러 갈·지·명(碣·誌·銘)과 행장·서·발(行狀·書·跋)이 실려 있고 조찬한의 발문(跋文)과 경오년(1970)판에는

15대 봉사손(奉祀孫) 영환(永桓)의 「후지」(後識)가 실려 있다.

『속집』 1권 1책본과 『속집』 2권 2책본은 고종 11년(1874) 전집을 발간할 때 출간한 것으로 여기에 참여한 사람은 동준(東準), 주현(周鉉), 동근(東根)과 13대 종손 세휴(世休) 등이다. 속집 1책은 원문집을 간행할 때 누락된 시문을 정리해서 속집을 내면서 모아 엮은 것으로, 앞에 중종대왕 천릉만장(遷陵挽章) 3수가 실려 있다. 속집 2책은 서(書)·잡저(雜著)·서(序)·발(跋)·제문(祭文)·논(論)과 기암 정홍명(畸庵 鄭弘溟)의 「행장」(行狀), 택당 이식(澤堂 李植)의 「시장」(諡狀)이 실려 있다.

『별집부록』 2권 1책은 『속집』과 같이 고종 정미년(1907)에 출간한 것이다. 11대손 동준(東準)이 그 전말을 기록한 「후지」(後識)를 써 『고봉 선생문집』 8권을 간행한 사실을 비교적 자세히 기록하고 있다.

권1은 제문으로 퇴우당 유홍(退憂堂 兪泓) 등 동료 문인 20명의 제문이 실려 있고 권2에는 55인의 동료 문인 만장과 월봉서원 사실(月峯書院 事實), 청향소(請享疏) 두 편, 청향을 위한 태학통문(太學通文) 등이 실려 있다.

(2) 『논사록』 상하편 1책

『논사록』(論思錄)은 고봉이 직접 편술한 것은 아니며, 선조의 언명에 따라 고봉의 학덕을 기리는 마음으로 평상시 그가 경연에서 하였던 말을 모은 것이다. 맨 앞에는 효종과 정조의 「치제문」(致祭文)이 있고, 정조가 중간한 뒤에 「전교」(傳敎)가 수록되어 있다. 다시 말하면, 선조 5년(1572) 11월에 고봉이 서거함에 그 해 12월 선조가 경연

가운데서 고봉의 말을 뽑아 내어 기록하도록 명령하였다. 그 때 출간된 것이 필사본인지 등사본인지 분명치 않으며, 더구나 이 책은 널리 유포되지 못하고 절판되어 자세한 연유를 알 길이 없다.

병오년(정조 10년, 1786)에 6대 후손 정간공 언정(靖簡公 彦鼎)이 문충공 몽오 김종수(文忠公 夢梧 金鐘秀, 1728-1799)와 함께 교정하여 간행함에 따라 널리 배포되었다. 이것이 병오본이다. 현재 현주 조찬한의 「소지」(小識)와 김종수(金鐘秀)의 「발문」이 부가되어 있는데, 원래 현주가 간행하려고 하다가 편집만 해 놓고 뜻을 이루지 못하고, 언정(彦鼎)이 출간하게 되었다. 고봉문집과 함께, 13대 종손 세휴(世休)가 11대 후손 춘담 동준(春潭 東準), 일족인 주현(周鉉), 동근(東根)과 같이 고종 정미년(1907)에 완질로 중간하였는데 이것이 정미본이며, 경술년(1970)년 15대 종손 영환(永桓)과 세훈(世勳), 세익(世益)이 문집을 중간할 때 다시 출간되었는데 이것이 경술본이다.

『논사록』은 검열관 하곡 허봉(荷谷 許篈, 1551-1588)이 승정원에 있으면서 경연일기를 검토하여 문장을 다시 교열하고 차례를 만들어 오늘의 체제에 이르렀다. 『명종실록』과 『선조실록』에 실려 있는 내용과 같다. 그러나 약간의 일치하지 않은 대목도 보이는데 이것은 하곡이 실록의 저본(底本)을 보고 등출한 것이어서 약간의 차이점이 발견되는 것이다. 경연에 참석한 사람은 먼저 퇴계 이황이 고봉을 추천하였으며, 사암 박순, 송강 정철, 오음 윤두수, 월정 윤근수, 황강 이희안, 약포 정탁, 백록 신응시, 청련 이후백과 같은 쟁쟁한 사람들이 경연에 함께 참여하였다.

상편은 명종 19년(1564)에서 선조 2년(1569) 4월까지 경연내용 가운데 19개항에 걸쳐 수록하고 있으며, 하권은 선조 2년 5월 21일에서 선조 5년(1571) 5월 1일까지의 9개 항목에 걸쳐 강론내용을 수록하여, 모두 28개 항목에 대한 기록인데, 내용은 경전과 시사(時事)에 관한 것이 대부분이고, 그 중에서도 『논어』에 대한 항목이 12개 항목으로 대부분을 차지하고 있다. 내용을 일별하여 보면, 시사와 경전 가운데서 경전주석과 변석이 중점을 이루고 있음을 쉽게 볼 수 있다.

효종은 을미년(1655) 4월 2일 예조좌랑 원격(元格)을 통하여 제문을 보냈는데, 그 절절한 마음이 여기에 잘 나타나 있다.

> 그대(고봉)의 정신은 잘 단련된 금과 같고 윤택한 옥과 같고, 맑은 수월(水月)과 같고 결백한 빙호(氷壺)와 같도다. 가정에 이어오는 좋은 교훈을 받았고, 학문은 정자와 주자를 본받았도다. 기운은 일세를 풍미하였고, 이치는 천만가지를 꿰뚫었도다. 널리 배워 요령을 얻었으니, 체용을 함께 갖추었도다. 뛰어난 식견과 학식이 있어 출중하였으며, 조금도 곁눈을 팔거나 출세에 연연함이 없이 명망이 높았으며, 일찍이 뛰어난 조예로 어리석은 후생을 깨우쳤도다. 문정공 조정암선생이 돌아가신 뒤로 도(道)가 황폐해졌으니 도산(이황)에서 계승하여 창도하였는데 진실로 뿌리와 줄기가 되었다가. 경(고봉)께서 도와 좌우로 접하여 바른길로 인도하였도다. 덕은 이웃이 있으니 사문(斯文)이 외롭지 않도다.

정조는 무신년(1788) 4월 11일 예조좌랑 박홍복(朴興福)을 보내 제문을 올렸는데 그 대강을 보면 아래와 같다.

> 이기(理氣)의 근원과 전례(典禮)의 상변(常變)을 명쾌하게 분석하였으니 선배도 두려워하였다. 엄정하게 조정에 나아가니 간사한 무리들이 숨을 죽였다. 군신의 의리가 밝았고, 행동에도 여유가 넉넉하였다. 남쪽으로 고향에 돌아가나 명예와 절조가 높았도다. 내가 유서를 읽으니 그것이 『논사록』이라.

정조가 『논사록』을 거듭 발간하라는 전교를 보면, 그가 얼마나 고봉의 학문을 사모하였는지를 알 수 있다. 정조는 밤이 깊숙하는지도 모르고 이 책을 탐독하였고, 그처럼 읽는 것이 경연을 여러 번 듣는 것보다 훨씬 낫다고 술회하고 있다. 고봉의 『논사록』은 생시에는 임금에게 지니고 있었던 회포를 남김없이 푼 것이며 서거한 뒤에는 이것을 모아 출간할 만큼 귀중하게 다루어졌다. 이는 고봉의 학문과 사상이 당대에는 물론 후대에도 큰 영향을 주고 있음을 단적으로 알 수 있는 대목이다.

현주는 그의 「소지」(小識)에서 이렇게 말하고 있다.

> 위로는 요순공맹으로부터 아래로 주자(염계), 장자(횡거), 정자(정이), 주자(주희)의 도학연원에 이르기까지 상세하게 진술하였고, 조목마다 꿰뚫어 경전과 역사를 논하고 종묘와 조정의 일을 널리 폈으며, 선정(先正, 고봉)의 원왕(寃枉)을 풀고, 어진 선비와 양서를 구하는 길을 열어 성학을 찬양하였고, 유학을 부식하는 것이 책 가운데 요연하게 펴 있으니, 이 기록이 후세에 도움이 없겠는가?

『논사록』은 경전과 시사(時事)를 자세히 논하고 있으나, 경전주석의 내용에 관한 것은 생략되어 있고 강론의 제목만 남아 있어 아쉬운 감이 없지 않다. 비록 경전에 중점을 두었다고 하지만 기록된 내용은 거의 시사에 관한 것이다. 주석내용을 무슨 연유로 생략하였는지는 분명치 않지만 교훈이 되는 것이 사시의 문제이기 때문이 아닌가 생각된다.

(3) 『주자문록』 4책

『주자문록』(朱子文錄)은 정사년(1557, 고봉 31세, 명종 12년)에 완성한 것이다. 즉 물재공의 삼년상을 마치고 난 직후에 해당된다. 같은 해 4월 초하루 정자(正字) 송정황(宋庭篁)의 발문인 「주자문록권후」(朱子文錄卷後)가 실려 있다. 28세 때 동당향시에 장원을 하고 난 뒤 연속적으로 용산과 물재공의 상을 당하고, 선비(先妣)의 묘를 옮기고 난 뒤였다. 삼년간의 상복을 마치고 이룩된 것이다. 이 때가 고봉이 학문에 정진할 수 있는 외적인 환경이 조성된 시기이다. 사단칠정에 대한 논란이 아직 일어나기 이전이며, 당시의 여건으로 보면 『주자대전』을 얻어 보기가 어려웠던 제약성을 뛰어넘어 주자의 문집을 내용상 하나하나 검토할 수 있었던 것은 후일 퇴계와의 논쟁에서 월등히 다른 논리적, 합리적 결론을 도출하는데 있어 과감할 수 있었던 직접적인 원인이 되기도 한다.

『주자문집』은 가지고 있는 사람이 없을 정도로 귀했기 때문에 여러 사람이 힘을 합하여 간행하려고 하였으나 엄두도 내지 못하였다. 『문록』은 고봉의 주장이나 말이 이 속에 수록되어 있는 것은 아니다. 그러나 방대한 문집 가운데서 그가 발췌하고 수록한 내용이 바로 그의 철학적 입장이라고 봐도 좋을 것이다.

『주자문록』은 『주자대전』의 초록본으로 현재는 상중하 3편과 속편으로 이루어져 있다. 먼저 3편으로 나누어 주자의 문집을 초록하여 실었다. 『족보』「대승」조에 의하면, 『주자문록』은 정유재란 때 왜구에 의해 탈취 당하여 일본 도서관에 소장되어 있었던 것을 13대손 세훈이 영인 배포하여 국내의 여러 도서관에 소장되어 있다고 한다. 이것은 한 때 국내에서는 일실된 것으로 알고 있었으나 아베 요시오(阿部吉雄)가 일본 내각문고에 없어진 이 도서가 소장되어 있다는 사실을 알려 와, 영인하여 『고봉전서』(성균관대학교 대동문화연구원 발행)에 부록으로 실었다. 고봉의 맏아들 함재 효증은 임진왜란 때 거의(擧義)하여 군사와 군량미를 모았다. 차남 효민(孝閔)은 정유재란 때 화를 당하였고, 부인 남원양씨는 물 속에 빠져 죽어 덕산공(德山公, 아들 齡獻)의 묘소에 제단을 세웠고, 3남 효맹(孝孟)이 정유재란 때 화를 당하여 부인 광산정씨가 남원양씨와 더불어 물 속에 빠져 죽었다. 울산김씨 김남중(金南重)의 부인이 된 고봉의 딸은 하서 김인후의 손부로 정유재란 때 욕을 당하여 왜적을 나무라고, 정씨, 양씨와 같이 물에 빠져 죽었다. 이러한 어려운 상황을 당하여 집안이 풍비박산(風飛雹散) 당하여 당시의 종손댁에 있었던 『주자문록』이 왜적의 손을 거쳐 일본으로 건너가게 되었으리라고 추측이 된다. 『족보』에는 이러한 일련의 정황을 참작하여 확고한 사실로 받아들이고 있다.

주자본(鑄字本)으로 간행된 것을 보면 이 간본이 상당히 널리 배포되어 읽혀졌으리라는 것으로 추측할 수 있겠으나 얼마나 간행되어 반포되었는지는 정확히 알 길이 없다. 어쨌든 이러한 『주자문록』의 간행으로 인하여 당시까지 널리 읽히지 않았고, 구하기 어려웠던 『주자대전』을 초록으로나마 쉽게 대할 수 있어 주자학 연구에 획기적 역할을 하였으리라고 사료된다.

(4)『양선생왕복서』 3책

『양선생왕복서』(兩先生往復書)는 퇴계와 고봉의 편지를 작성연도에 따라 배열한 것으로 양인의 개인적인 관계는 물론 사단칠정론에 대한 것도 많이 수록되어 있다. 외손 현주 조찬한이 영암군수로 있던 계축년(1613)에 간행되었다.

(5)『양선생 사칠이기왕복서』(兩先生四七理氣往復書) 상하 1책

퇴계와 고봉의 왕복서 가운데 사칠논변에 관한 것만을 간추려 엮은 것이다. 이 외에 고봉이 추만 정지운에게 보낸 서신과 「천명도」, 정추만의 「천명도설서」가 부가되어 있다. 『이기변』(理氣辨) 1권은 청주서원에서 별도로 간행되었으나 없어져 그 흔적을 찾을 길이 없고, 병오년에 관찰사 조준(趙竣)이 의연금을 내어 중간하였다. 「이기변」은 정조 때 『사칠속편』(四七續篇)으로 고치고 시문, 잡저와 후인의 글을 합하여 모두 3권으로 속집과 부록으로 나누어 수록하였다. 『속집』 2권과 『별집부록』 1책과 함께 춘담(春潭) 등이 정미년(1907)에 간행하였는데, 이로 말미암아 널리 알려지게 되었다. 형섭(亨燮)이 「변록」을 붙여 1969년 출간하려고 하였으나 여의치 않아 출간하지 못하고 이듬해인 무술년 15대 종손 영환(永桓), 후손 세훈(世勳), 우홍(宇興), 세익(世益)에 의해 출판되었다. 여기에는 형섭의 「변록」과 우홍(宇興)의 「후지」(後識)가 실려 있다.

2) 16세기의 젊은 지성과 사우관계

(1) 용산 정희렴

용산 정희렴(龍山 鄭希濂, 1495-1554)은 실제 학문을 하기 시작하면서 교육을 받았던 분으로 스승의 대표라고 할 수 있다. 그에게 여러가지 질정을 받았던 것은 사실이고 그가 제1의 스승의 역할을 하였던 것은 「연보」에도 여러 차례 기술되어 있다.

용산과의 인연은 물재공의 권유에 의한 것이었다. 용산은 경전공부를 열심히 하여 진수를 얻었으며 과거학에 뜻을 두지 않았으나 부모의 입신양명의 기대에 부응하여 여러 번 향시에 응하였으나 기묘년(1519)에 사마시에 입격하게 되었다. 대과에 응시하려고 하였으나 모친상을 당하여 귀향하였다. 을유년(1525) 이후로 벼슬길에 나갔으나 뜻은 천석(泉石)에 있었다. 관직에 나아가니 지조가 고상하고 경연에 논사(論思)할 때 청아한 문장과 명민한 지식은 향기로운 난초를 지닌 듯 사향을 품은 듯 하였다. 지식과 실천을 아우르는 그의 모습을 쉽게 읽어볼 수 있다.

고봉은 신축년(1541) 봄 130구(句)가 되는 「서경부」(西京賦)를 지었다. 용산은 이 글을 보고 칭찬을 아끼지 않았다.

> 이 글을 읽어보면 그 사람됨을 짐작할 수 있는 것이니, 마땅히 그 성문(聲聞)이 오래가도록 사람들에게 퍼지겠도다. 생각이 멀고 기세가 웅대하며, 말이 고상하고 문장이 밝게 트이니, 비록 간혹 매끄럽지 못한 곳이 있어도 그것은 작은 흠점일 따름이다. 조금만 더 나아가면 곧바로 옛 작자의 경지에 이르게 되리라. 더구나 그 밖의 과거보는 문장은 더 말할 필요가 있겠는가. 축하할 뿐이다.

「자경설」에 의하면, 갑진년(1544) 4월 스승 용산을 찾아뵈었다. 5월에 도회(都會)에 가려고 용산을 찾아가 뵈었는데, 「민암부」(民嵒賦)를 지으라고 명하였는데 그의 말에 따라 지으니 칭찬이 대단하였다. 이 달 중에 한퇴지의 글을 읽었는데 제문까지 공부하고 그믐날에 돌아왔다. 초가을에 다시 용산을 찾아가 한퇴지의 글을 읽다가 보름이 지난 뒤에 돌아왔다. 이 달부터 8월말까지 더위가 심하여 특별히 많은 공부를 하지 못하였다. 9월 초 열흘 정도 용산에게 가서 『문선』을 읽다가 돌아오고, 10월 초하루에 찾아가 「상서」(商書) 대문을 읽었다.

고봉은 갑인년(1554, 28세) 봄 용산이 서거하기 이전까지 그의 문하에 10년 동안 드나들었다. 처음에는 그의 서실에서 기거하면서 『서경』과 같은 경전공부에 힘썼다. 그러나 마지막에는 일년에 한 두번씩 찾아가 배알하고 의문나는 것을 물었다. 「제정교리문」(祭鄭校理文)에서 고봉은 스승 용산에 대하여 다음과 같이 말하고 있다.

> 내가 공의 문하에 나간 지가 지금 10년이 되었다. 외람되게 알아주고 사랑해 주셨으니, 그런 모습이 시종 다름이 없었다. 내게 기대가 커서 마치 목마른 듯 굶주린 듯하였다. 나는 아무 것도 몰랐지만, 공만은 나의 스승이 되어 가르쳐 주었다. 나는 공의 서재에 가서 거처하고, 아침저녁 한 시도 떠나지 않았다. 돌아보건대 나의 완고하고 멍청한 자질을 항상 부지런히 일깨워 주시고, 시를 읊으며 문답하면서 거듭거듭 생각하곤 하였다. 한퇴지의 문장과 같고 『서경』의 「전」(典) 「모」(謨)와도 같았다. 나는 그 가운데 들어가 황홀경에 빠져 있었다. 공은 일일이 해석해 주어 그 단서를 활짝 열어 주었으니, 나는 문장에 대하여 비로소 그 뿌리를 알게 되었다.

용산의 부음은 갑작스런 비보(悲報)였다. 당시 고봉은 나주 사촌(沙村)에 머물면서 세상일에 분주하여 용산에 가서 뵙고 싶은 생각은 항상 가지고 있었으나 실천하지 못하고 있었던 형편이었다.

(2) 퇴계 이황

퇴계 이황(退溪 李滉; 1501~1570)은 자가 경호(景浩)요 호는 퇴계(退溪)·퇴도(退陶)·도옹(陶翁)이며 본관은 진보(眞寶)이다. 조부 진사 노송정 계양(老松亭 繼陽)이 벼슬길에 나아가지 않고 안동부 예안현 온계리(溫溪里)에 은거하였다. 퇴계는 이 때 부친 좌찬성 식(左贊成 埴)의 7남으로 태어났다.

6세에 글읽기를 시작하면서부터 온순, 겸손, 비범한 기질이 보였으며 중종 29년(34세)에 문과에 급제하고 승문원 부정자를 시작으로 벼슬길에 나아가 53세에 대사성(大司成)에 오르나 벼슬에는 뜻이 없고 학문에 전념하였다. 향년 70세에 졸하니 영의정(領議政)에 추증되고 문순공(文純公) 시호가 내려지고 문묘(文廟)에 배향되었다. 『주자서절요』(朱子書節要), 「도산기」(陶山記), 『성학십도』(聖學十圖), 『언행록』(言行錄) 등 많은 글을 남겼다.

무오년(1558, 명종 13년, 고봉 32세) 10월 고봉이 문과 을과 제1인에 입격하여 승문원 부정자가 되었다. 이 달 퇴계를 서울 자택에서 뵙고 사단칠정설에 대하여 논의하였다. 이것이 고봉이 퇴계를 처음 대면한 것이다. 젊은 고봉과 학문적 원숙기에 들어선 58세의 노대가인 퇴계와의 만남이었다. 고봉은 이제 막 과거에 급제한 사람이고, 퇴계는 10월 성균관 대사성을 제수 받은 사람으로 전자는 정계에 입문하는 순간이고 후자는 학문의 최고의 위치에 처한 원로 관료학자이다. 퇴계는 이러한 사실을 제자인 황중거(黃仲擧)에게 주는 편지에서 다음과 같이 말하고 있다.

> 이번 과거에 많은 인재를 얻었는데 그 가운데 기대승이란 사람이 있으니 그 학문과 인물이 전에 소문으로 들은 것보다 더 훌륭하다. 우리 조정에서 이 선비를 얻어 쓰게 되었으니 실로 이는 학문을 위하여 큰 경사이다.

계곡 장유(谿谷 張維)는 「고봉 선생문집서」(高峯先生文集序)에서 퇴계가 고봉의 학문적 수준을 높이 평가하는 발언을 볼 수 있다. 퇴계도 감히 스승의 자리를 양보할 정도로 고봉의 지적인 수준은 원숙한 것이었으며, 다른 제자와는 한계를 지을만큼 월등하였음을 볼 수 있다. 선조에게 추천할 만한 인물인 것은 물론 통유(通儒)라고 할만큼 고봉의 학문을 최고의 위치에 올려 놓았다.

> 우리나라 도학은 퇴도에 이르러 가장 훌륭하였다. 급문(及門)의 선비로서 걸출하여 유명해진 사람이 많은데 고봉 기선생이 으뜸이 된다. 선생은 탁월한 재주를 타고난 데다가 견문이 넓고 학문에 힘써 보지 않은 책이 없었다. 처음에는 하서 김선생과 함께 노닐었다.(從游) 32세 때 비로소 퇴도(退陶, 퇴계)를 찾아 뵙고 스스로 제자의 예를 갖추었다. 퇴도께서는 항상 스승의 자리를 양보하였으며, 은미한 뜻과 깊은 뜻을 만나면 선생에게 질문하곤 하였는데, 다른 제자들은 여기에 참여하지 못하였다.

기미년(1559) 윤 3월 고봉의 질의서를 받고 퇴계는 그의 제자 정자

중(文峯 鄭惟一, 자는 子中, 1533-1576)에게 편지를 보내 고봉에 대하여 다음과 같이 말하고 있다.

> 명언(고봉)의 편지에 대해서는 언젠가는 다시 연구해 보겠습니다. 다만 나의 주장 가운데 '선악미정'(善惡未定)이라는 말은 완전치 못하다고 여겼는데, 명언이 지적한 바에 따라 표현을 달리 고치고자 하면서도 좀더 신중을 기하기 위하여 고치지 못하고 있던 중인데, 이제 보낸 편지에 낱낱이 지적한 것을 보니 더욱 남을 깨치는 바가 있음을 알겠습니다. 이 도움을 받아 큰 잘못은 없을 듯하니 참으로 다행한 일입니다. 나는 명언의 사람됨을 크게 중하게 여깁니다. 이미 학문에 얻은 바가 있는 데도 또 물러나 공부하니 이 한가지만도 남이 미칠 수 없는 것입니다.

추만 정지운에게 보내는 편지에서도 마찬가지로 많은 칭찬을 아끼지 않았다. 퇴계의 평가에 의하면, 고봉은 분명한 논거를 제시하면서 조목조목 분석하였고, 현하지변(懸河之辯)과 같은 웅변과 기이한 재주를 가지고 있는 사람이며, 옛사람이 발명하지 못한 논설을 발설하는 재주 있는 학자로서, '이로운 친구'(益友)로 분류하였다.

기미년(1559) 8월 고봉이 퇴계에게 출처의 문제를 물었을 때, 그에게 보내는 편지에서 "그대는 뛰어난 기상으로 동량의 재질로서 세상에 나오기 전에 이름이 사방에 널리 알려졌고, 처음 나옴에 온 나라가 그대에게 쏠렸다."라고 한 말은 고봉의 학문적 위치와 그의 재능을 인정한 것이다. 다른 사람보다도 퇴계 자신이 그렇게 생각하고 있다는 말로 해석할 수도 있다.

무진년(1568, 42세) 7월 대사성으로 퇴계를 방문하였다. 이듬해

(1569) 3월 동호에서 퇴계를 보내는데, 강변의 동호 몽뢰정(東湖 夢賚亭)에서 같이 자고, 봉은사에서 숙박하였다. 고봉은 '퇴계를 보내며' 라는 시 한 구절을 지어 주었다.

한강물 도도히 밤낮으로 흐르니,	漢水滔滔日夜流하니,
선생 떠나심을 만류하는 듯하구나.	先生此去若爲留라.
물가에 닻줄 잡고 머뭇거리는 자리,	沙邊拽纜遲徊處에,
이별의 슬픔, 애가 끊어지는구나.	不盡離腸萬斛愁라.

고봉의 이러한 시정(詩情)에 대하여 퇴계도 글을 지어 주었다.

배에 죽 앉아 있는 대단한 사람들,	列坐方舟盡勝流라.
종일토록 고향으로 가려는 마음.	歸心終日爲牽留라.
한강물 모두 길러 벼루에 먹을 갈아,	願將漢水添行硯하야
이별의 슬픔 한없이 쓰고 싶네.	寫出臨分無限愁라.

여헌 장현광은 퇴고(退高) 양인을 비교하면서 동이(同異)와 조화의 모습을 다음과 같이 말하고 있다. 즉 퇴계는 항상 몸을 거두어 감추며, 겸손하고 깨끗하게 높은 절개를 지키는 도리를 스스로 지켰고, 고봉은 항상 발양(發揚)하고 직설적이며 빼어난 의리를 가지고 스스로 힘썼다고 서로 다른 두 사람의 입장을 말하고, 그러나 두 사람의 기상이 다른 것 같으면서도 오직 독실하게 믿어 의심하지 않고, 서로 좋아하고 싫어함이 없는듯이 갈수록 더 친밀하고 정성스러웠다고 그 조화로운 일면을 들추고 있다.

(3) 하서 김인후

하서 김인후(河西 金麟厚, 1510-1560)는 경오년(1510, 중종 5년) 장성현 맥동리(長城縣 麥洞里, 현재 전남 장성군 황룡면 맥동리)에서 출생하였는데, 자는 후지(厚之) 호는 담재(湛齋), 세칭 하서(河西)라고 부른다. 본관은 울산(鶴城)이며, 신라의 경순왕 김부(金溥)의 둘째아들인 학성부원군 덕지(鶴城府院君 德摯)가 시조이고, 고려 삼중대신 광록대부 문숙공 환(文肅公 環)의 8세손으로 조선왕조 개국좌명·원종공신 흥려군 온(興麗君 穩)의 5세손이다.

신묘년(1531) 성균관 사마시에 진사로 합격되었으며, 기묘사화 이후 학업이 진흥되지 못한 처지였으나 친구들과 강마를 게을리 하지 않았다. 이 때 퇴계와 더불어 뜻을 같이 하였고, 그와 친교를 맺기 시작하였다.

무오년(1558, 32세) 7월 고봉이 하서를 방문하였다. 이 달에 고봉이 과거를 보러 서울로 가던 중, 일재를 방문하고 우연히 대화의 내용이 '태극설'에 미쳐 논변하였으나 동의를 구하지 못하고 자리를 파하게 되었다. 11월 휴가를 얻어 귀향하던 중 다시 일재를 만나 논난하였으나 끝내지 못하고 돌아왔다. 그 뒤 하서를 방문하여 일재와의 논난 내용을 알려 주었다.(後拜下書先生 以禀其說) 물론 하서의 견해는 고봉과 일치하였다. 김종룡(金從龍)은 하서의 큰아들이고 일재의 사위이기 때문에 하서와 고봉의 말을 듣고 그것을 일재에게 전해 주었다. 그 뒤 일재는 하서의 비복을 통하여 고봉에게 편지를 전하고, 하서가 그 편지를 보고서 소간(小簡)을 일재에게 보내고, 또 일재의 편지와 일재에게 보낸 답장을 고봉에게 모두 건내 주었다. 다시 말하면, 하서는, 태극이 음양과 섞이지 않는다고 주장하는 고봉의 학설을 옳다고 하였다.

경신년(1560) 1월 16일 하서가 서거하였다. 3월에 글을 올려 하서를 조문하였다. 8월 8일 퇴계에게 하서와의 관계에 대하여 다음과 같이 글을 올렸다.

> 하서선생은 장성에 거주하였기 때문에 제가 사는 곳과 단지 25리(五牛鳴) 정도밖에 떨어지지 않았습니다. 제가 관직에서 물러나 귀향했던 것은 바로 이 선생(此 先生; 하서)에게 의지해서 전에 공부하던 것을 다시 강론하고자 하였는데, 이 선생이 정월 16일 갑자기 병으로 별세하셨으니, 사도(斯道)의 불행이 이보다 더 클 수 없으며, 저의 불행이 더욱 심합니다. 매양 사색할 때를 당하여 의심스러운 것을 물어 볼 곳이 없을 때면 번번이 이 선생 생각이 나는데, 뵐 수 없게 되었으니 아무 말없이 조용히 앉아 슬픔을 참으려 하지만 스스로 억제할 수 없습니다. 선생(퇴계)께서는 오랫동안 그 분(하서)과 알고 지내셨으니, 그 분의 부음을 듣고 분명 매우 애통하셨을 것입니다.

퇴계가 답장을 보내 왔다. 그 대강을 살펴보면 하서의 학문이 노장에서 시작하여 시문학을 거쳐 유학으로 넘어오는 과정을 설명하고 있다.

> 나는 김하서와 성균관과 홍문관에서 일하였는데, 그는 온 나라를 두루 돌아다녔으며, 성격이 호방하여 인간의 일에 구속되지 않았습니다. 그가 처음 입문한 곳은 노장학이었으므로 중년에 시와 술에 빠져 나는 애석하게 여겼습니다. 그런데 만년에는 우리 유학에 뜻을

두고 있다는 말을 들었으며, 아마 그가 한가로이 지내던 때 이와같이 터득하였다고 여겨지는데, 이는 매우 가상한 일입니다.

(4) 일재 이항

일재 이항(一齋 李恒, 1499-1576)은 정읍 칠보산(七寶山)에 '일재'(一齋)라는 정사를 짓고 거기서 학문을 강마한 만학(晩學)의 학자이다. 그는 기미년(연산군 5년, 1499) 서울 신혼동(晨昏洞)에서 태어나, 병자년(선조 9년, 1576년 6월 21일) 태인 분동(泰仁 粉洞)에서 78세로 서거하였다. 무엇보다도 '자경문'(自警文)에서 "배우기를 쉬지 않으면 모든 이치가 절로 통한다"(「學不息, 萬理自通」)라는 주지를 가지고 학문에 임하였다.

을유년(1549, 고봉 23세, 일제 51세) 때, 고봉이 일재를 방문하였다.(「연보」) 초당 허엽(草堂 許曄, 1517-1580)이 지은 제문에 의하면, 일재는 처음에 대사성 노천 김식(老泉 또는 東泉 金湜, 1482-1520)에게 배웠으며, 또 송당 박영(松堂 朴英, 1471-1540)을 찾아가 배웠는데, 유생 정숙 윤정(鼎叔 尹鼎), 유생 정원 나식(正源 羅湜), 숙옥 종성령(叔玉 鍾城令), 우상 경열 민기(景說 閔箕)와 더불어 강습하여 대업을 이루었다고 한다. 노천은 정암 조광조(靜庵 趙光祖, 1482-1518) 등과 제도개혁을 꾀하다가 기묘사회에 연루되어 선산(善山)으로 귀양갔으나, 다시 외로운 섬으로 귀양간다는 소문을 듣고 거창(居昌)으로 가서 「군신천세의」라는 싯구를 남기고 자결하였다. 이 때가 바로 일재가 22세 되던 해(1520)이다. 일재가 그에게 배웠다면 아마 어렸을 때라는 것을 짐작할 수 있다.

일재는 또 어려서 선배인 충암 김정(冲庵 金淨, 1486-1521)을 알게 되었다. 아침에 파하면 『대학』을 손에 들고 걸어서 노천 김식(老泉金湜)에게 가서 배웠다. 그는 이 즈음에 '하물며 내가 만학인데 어찌 감히 조금이라도 더디게 하겠는가'라고 하여 열심히 학문에 정진하였다. 일제의 학문적 도통으로 보면, 일재의 스승은 송당이고, 송당은 다시 신당 정붕(新堂 鄭鵬, 1469-1512)에게 배웠고, 신당은 한훤당 김굉필(1454-1504)의 적전(嫡傳)이다. 그렇다면 그의 도통은 점필재, 한훤당, 신당, 송당, 일재로 이어오는 학맥이 된다.

을해년(1539, 41세), 칠보산에 정사(精舍)를 짓고 더욱 학문과 수양에 열중하였다. 일재가 태인의 남쪽 10여리에 복거(卜居)하였는데 보림산에 가까웠다. 지역이 치우쳐 그윽하고 더욱 마음에 드는 것은 주부였던 부친의 산소로 가는 길에 위치하였기 때문이었다. 여기에 조그만 집을 짓고 학문연마의 장소로 삼았는데, 그 집을 '일재'(一齋)라고 하였다. 따라서 배우는 사람이 '일재선생'이라고 불렀다. 그는 '사람이 오랜 세월을 무궁토록 하는데, 내가 이 집을 지음은 나의 행운이다'라고 하였다. 그는 제사 드리는 날이 아니면 여기에서 항상 기거하였다. 불행하게 지내던 때부터, 정력이 갈라질까 염려하여, 기송(記誦)이나 견문에 넘치지 않으려고 하였다. 정주의 글을 완미하는 것을 모두 좋아하였고, 공맹을 표준으로 삼았으며, 늘그막에 『주역』 읽기를 좋아하여, 시간을 재어 가면서 새벽까지 공부하였는데, 따뜻하게나 서늘하게 하지 않았고, 다른 사람은 견디어 내지 못할 지경이라고, 일재는 이를 확연히 편안하게 여겼다.

경자년(1540, 42세) 3월 스승인 송당의 부음을 받고, 분곡(奔哭)하고 예(禮)에 따라 심상(心喪)을 입었다. 송당은 일찍이 자기가 주석한 「백록동규」를 제자에게 보였는데, 일재는 이를 더욱 잘 이해하였다.

그는 두문불출하면서 친구를 찾는 것이 무익하니 방에서 단좌한 것보다 못하다고 하여 더욱 학문에 정진하였다. 45세 되던 해(1543) 규암 송치규(圭庵 宋麟壽, 1487-1549)가 내방하였다. 그는 호남에 관찰사로 내려갈 때, 일재가 덕망이 높다는 말을 듣고 찾아가 여러 날을 토론하였는데, 그가 탄식하여 말하기를, 생각과 실천이 주렴계보다 못하지 않다고 하여 더욱 공경하였다. 이 무렵 일재, 회재, 규암 등 세 사람이 운봉(雲峰)에서 만나 여러 날 강론한 적이 있었다. 이 세 사람은 도우(道友)였다.

을묘년(1555, 일재 57세), 임란의 국가적 위기를 당하여, 절도사 최경회(崔慶會), 황진(黃進), 고종후(高從厚), 장윤(張潤)과 함께 진주성을 사수하였던 건재 김천일(健齋 金千鎰, 1537-1593)이 일재의 문하에 와서 배우기 시작하였다.

무오년(1558, 고봉 32세) 7월 고봉이 과거를 보러 서울로 가던 중, 일재를 방문하고 태극설에 대하여 종일 논변하였으나 결론을 내지 못한 적이 있다. 11월 휴가를 얻어 고향으로 돌아오는 길에 전에 논한 내용을 다시 논의하였으나 끝내지 못한 채 그냥 돌아와야 했다. 고향으로 돌아와 하서와 태극에 논난하였는데, 하서는 고봉설이 옳다고 하였다. 즉 고봉은 태극이 음양과 섞이지 않는다는 것을 강조하였다.

을미년(1559), 고봉에게 편지를 써, 태극이 음양과 서로 떨어지지 않음을 역설하였다. '부잡'(不雜)보다는 '불리'(不離)에 대하여 강조하고 있는 것이 특징이며, 일재의 성리학적 관점이기도 하다.

(5) 추만 정지운

추만 정지운(秋巒 鄭之雲, 1509-1561)은 자가 정이(靜而)며 호는 추만 또는 가옹(稼翁)이며 본관은 경주이다. 경기도 고양에서 인필(仁弼)의 맏아들로 태어나 모재 김안국(慕齋 金安國), 사재 김정국(思齋 金正國) 형제를 스승으로 모시고 학문에 정진하였다. 그는 조선성리학의 형성기에 철학적 사유를 기반으로 성리학의 체계를 수립하는 작업에 문제점을 제시하였다. 『천명도설』의 제작동기는 동생인 지림(之霖)에게 성리학의 핵심을 쉽게 이해할 수 있도록 가르치기 위한 방편을 만들어 보려는 것이었다. 그가 지은 『천명도설』은 그림과 설명이 곁들여진 저술로써, 인간과 자연의 관계, 천명(天命), 심성(心性), 음양오행(陰陽五行), 경(敬), 이기(理氣), 사덕(四德), 사단(四端), 칠정(七情), 존양과 성찰 등의 문제를 체계화한 것으로, 자연철학과 인생철학 및 심성철학을 종합정리한 것이다. 『천명도설』은 성리학 전반에 대한 문제를 집약적으로 다루고 있는 분량이 그리 많지않은 글이다. 지금은 『퇴계집』에도 그 전모가 보이는데 원래 정숙공 추만의 『실기』의 내용과 크게 다르지 않다. 「천명도」는 많은 사우들 간의 쟁점이 되어, 지속적으로 검토하여 이루어졌으며, 마침내 퇴계 이황의 정정(訂正)을 받게 되었다. 이 문제는 퇴계의 정정에 그치지 않고 한국 성리학의 초미의 관심거리로 제기되어, 뒤에 율곡 이이(栗谷 李珥)와 우계 성혼(牛溪 成渾) 사이의 사칠논쟁의 발단이 되었으며, 조선조 중기와 후기 성리학에 지대한 문제점을 시사하였다. 또 이 문제가 성리학의 중심문제로 대두되어 시비곡절을 가리려는 많은 후학에게 학문적 발전의 계기를 만들어 주었다.

기사년(1509)에 선생이 고양 망동(茫洞)의 집에서 태어났는데 영리

하고 대인이 될 뜻이 있었다. 고봉은 일찍이 '그 분과 그 동생 지림이 도리를 환히 알고 능히 큰그릇을 이룰 수 있었으며, 부모에게 효도하여 천인을 감동시켰다.'라고 하였다. 퇴계가 또 "내가 서울에 불려 가서 잠시 고양에 머물렀다. 추만과 더불어 서로 논의하였는데, 나를 일깨워 줌이 많았다. 어려서부터 성리의 근원에 맛을 들이고 성현의 말을 반드시 믿어 세상의 고루한 습속에 빠지지 않았다. 모재가 대단히 칭찬한 것도 참으로 이유가 있다고 하겠다. 이로부터 『계몽』, 『심경』 등의 책에 대하여, 그 분을 만나고서 계발한 것이 많았다."라고 하였다. 하서의 싯구에 "우리나라의 추만 노인이 오직 조화의 오묘함을 알았다."라고 하였는데, 이것이 추만의 학문에 대한 대략을 말한 것이다.

고봉이 32세(1558) 8월 고양으로 가서 선영에 참배하였다. 이 때 추만과 만나 『천명도설』을 강론하였다. 유람하다가 병을 얻어 3월 9일 승천부 강어구에서 작고하였다. 향년은 53세로 고양군 중면 일산리 간좌에 매장하였다. 선조 때 처사의 몸으로 예조판서를 특증하고 정숙(貞肅)이라고 시호하여 제사를 모셨는데, 칠현사(七賢祠)에 안치하였다. 숙종 기축년(1709) 집을 옮겨 문봉(文峰)이라고 사액하였다.

(6) 소재 노수신

소재 노수신(蘇齋 盧守愼, 1515-1590)의 자는 과회(寡悔) 호는 소재이며 시호는 문의(文懿)이다. 17세에 탄수 이연경(灘叟 李延慶)의 문하에 들어가 학문의 방향을 정하고 『소학』을 공부하는 교재로 삼아 배우고 익혔다. 갑오년(1534) 생원과 진사 양시에 합격하여 성균관에 입학하게 되었는데, 그곳에서도 『소학』에서 배운 것과 같이 행동하였다. 재생으로 있을 때 모재 김안국이 성균관지사로 시습잠(時習箴)을 지으라고 하였는데, 소재의 작문을 보고 큰 선비라고 찬탄하였다. 27세 때, 회재 이언적이 서울에 올라왔다는 소식을 듣고 서면으로 폐백의 예를 갖추어 존심(存心)의 요령을 물었다. 회재는 구방심(求放心)의 비유를 들어가며 일깨어 주었다. 계묘년(1543) 문과급제에 초·회·전 삼장(初會殿 三場)에 모두 장원하였다. 갑진년(1544) 정월 시강원사서에 배명되었다. 『서경』을 강론하다가 경(敬)에 이르자 경의 동정·체용을 말하였다. 205일 동안 이 직임을 가지고 있었는데 절반 이상이 인종을 입시(入侍)하여 거행하였다. 기사년(1545, 31세) 정월 사간원 정원이 되어 이기(李芑)의 간사함을 고하여 탄핵하여 파직할 것을 주청하여 가납되었다. 이후 이조좌랑에 제수되었는데 7월 인종이 승하하고 명종이 즉위하였다. 무인년(1578, 64세) 좌의정에 제수 되고, 겨울에 정암 조광조의 신도비명을 지었으며, 기묘년(1579, 65세) 봄에 음애 이자(陰厓 李耔)의 행장을 지었다. 경연에서는 대제학의 물망에 오를 사람으로 백담 구봉령(柏潭 具鳳齡, 1520-1585), 율곡 이이(栗谷 李珥, 1536-1584), 하곡 허봉(荷谷 許篈, 1551-1588)을 추천하였다. 기축년(1589)에는 정여립을 추천한 일로 관직을 박탈시키려고 하였으나 결국 판중추부사만 박탈당하였다. 4월 7일 살던 집에서 영면하였다. 그는 을사사화를 당하여 조부의 복제가 완료되자 명종 2년 3월 순천으로 귀양가고, 양재역사건으로 가중되어 윤9월 진도로 유배를 떠나고 33세로 유배당하여 53세로 방면되어 돌아와 서용(敍用) 되었다.

소재는 경신년(1560, 46세) 「곤지기발」(困知記跋)을 썼다. 을축년

(1565, 51세, 고봉 39세) 고봉이 진국원(鎭國院)으로 소재를 찾아가 인심도심설을 논하였다. 소재는 나정암의 『곤지기』가 옳다고 주장하였다. 이 해 고봉은 「논곤지기」(論困知記)를 지어 변론하였다.

(7) 운강 김계

중국어에 밝았던 운강 김계(雲岡 金啓, 1528-1574)는 정언과 한산 군수를 역임한 김직손(金直孫)의 손자이며 김석옥(金錫玉, 1477-1535)의 네째 아들이다. 김석옥의 「묘갈명」에 의하면, 그는 부안현에 살았고, 네 아들이 있었는데 희·선·점·계(喜·善·坫·啓)이다. ① 김희는 두 아들을 낳았는데 효침(孝忱)과 효복(孝福)이며, ② 김선은 두 아들을 낳았는데 효순(孝純)과 효만(孝悗)이다. 세 딸이 있는데 유계화, 송견, 송득영에게 출가하였다. ③ 김점은 아들 하나가 있는데 효사(孝思)며, 딸이 고봉의 큰자부가 된다. ④ 김계의 자는 회숙(晦叔), 호는 운강(雲岡)인데 임자년(1552, 명종 7년)에 문과에 급제하였고, 문무에 재주가 다분히 많았고 정직하게 살아가며 세상의 혼탁함에 영합하지 않았다. 사헌부 집의, 승정원 동부승지, 좌부승지, 황해도 관찰사를 역임하였고 참판이 증직되었다. 네 형제 가운데 고봉은 운강과 가장 친하였다. 병인년(1566) 순천부사로 있던 운강이 와서 '두 신주'(二主)에 대해서 물었는데, 고봉은 이에 대하여 「이주설」(二主說)을 지었다. 『고봉집』에는 운강과 『곤지기』에 대하여 논난한 편지와 경현당 제의(景賢堂 祭儀)에 관하여 논난한 편지가 들어 있다.

(8) 매당 김점

매당 김점(梅堂 金坫)의 자는 경숙(敬叔)으로 기개와 염치에 힘썼다. 젊었을 때부터 훌륭한 인물들과 친교가 많았고, 향시에 응시하였으나 불합격된 적이 많다. 과거를 그만두고 일상적 옳음을 실천하는데 힘썼으며, 그러한 강직한 행동으로 영은전 참봉에 제수 되었다.

그는 고부군 동편 20리의 덕천면 오공리 망제산(德川面 蜈蚣里 望帝山) 기슭의 냇가에 척심정(滌心亭)이라는 정자를 짓고 자연을 벗삼으며 후학을 가르쳤다. 그의 집은 망제산 바로 아래에 있었는데, 창밖에 매화를 돌보면서, 꽃이 피면, 소강절의 「매화를 바라보며」(觀梅)라는 싯구를 읊조리며 살았다고 한다. 매당이 살았던 그 마을은 그 때는 고부군이었으나 정주군에 소속되었다가 지금은 정주시 망제동이 되었다. 이곳은 정읍 고속도로 인터체인지에서 고부방향으로 6km 정도에 위치하고 있으며, 고봉이 작고한 태인으로부터는 10여 km 정도이다.

신축년(1901) 3월 정일품 의정부 의정 윤용선(尹容善)이 찬하고 가림 조한국(嘉林 趙漢國)이 글씨를 쓴 유허비가 서 있는데, 그 내용을 보면 아래와 같다.

> 매당(梅堂)은 김점(金坫)의 호이다. 척심정은 그가 만년에 강학했던 장소로서 정자가 있는 곳은 호남의 고부군 오공동이었는데, 세월이 오래되어 정자는 없어지고 터만 남아 있다. 이제 시냇가 바위의 '척심정' 석자는 공이 그 때 세긴 것이다. 그 후에 손자 낙승(洛昇)이 그 유적이 없어질까 걱정하여 군(郡)의 유지들과 유허비를

세우기로 하고 나(윤용선, 이하 동일함)에게 글을 부탁하였다. 나는 오음(梧陰 文靖公 尹斗壽, 1533-1601, 퇴계문인, 전라관찰사 역임)의 후손이다. 문정공이 전라관찰사였을 때, 또 한 이 정자에 올라와 보고, 공(김점)에게 시를 남겨 주었다. 그러니 내가 어찌 그 청탁을 거절할 수 있겠는가? 공(김점)은 문장과 행의와 숨은 것이 고을에 크게 떨쳐서, 당시 어진 사람의 추종을 받았으니, 그의 어진 인품을 가히 알 수 있으니, 그가 남긴 터전은 마땅히 보전해야 할 것이다. 김씨(김점 손자 洛昇)가 이 일을 하는 데는 이미 늦은 감이 있다. 나의 손자 숙영(肅榮)이 이 고을 군수로서 이 일에 서로 힘썼고, 나 또한 이 글을 쓰게 되니 이 역시 선조들의 올바름을 가르치는 기회가 되었다. 그렇지 않다면 모재(慕齋 金安國)의 시에 이른바 '척심정 아래서 물결은 예나 지금이나 한결같이 푸르다.'는 물(水) 오히려 계속 그 파도를 바꾸지 않는지는 모르겠다. 근원이 이미 푸르니 그 맑음을 이어야 할 것이니, 내가 김씨의 자손을 도우리라.

『일재선생유집』「문인록」에 의하면, 본래 부안인(扶寧金氏)으로 옹천 석홍(叅判 瓮泉 錫弘)의 조카이며, 참판 매죽헌(梅竹軒) 석옥(錫沃)의 셋째 아들이다. 승지 직손(直孫)의 손자이고, 일재 이항의 문인이다. 매당의 아들 효사(孝思)는 조산대부 예빈시 부정(副正)으로 고봉의 제자이다. 매당은 학행이 탁월하여 건재 김천일, 모재 김안국, 하서 김인후, 고봉 기대승, 중봉 조헌, 오봉 김제민, 도탄 변사정과 더불어 도의를 강구하였다. 만년에 척심정을 축조하여 미암 유희춘, 사암 박순과 더불어 이기에 관하여 논란하였다. 자질이 순수하고 지기(志氣)가 자유로웠다. 명종 때 진사가 되었고 유일(遺逸)로 연은전(延恩殿) 참봉에 제수 되었으나 취임하지 않았다. 그는 고부 우일(雨

日)에서 거처하다가 만년에는 망제봉(望帝峯) 아래 오공동 강가에 정자를 세웠다. 이것이 척심정인데, 여기에 편액을 거니 모재 김안국은 "매당을 오랫동안 보지 않으면 가슴이 비린(鄙吝)해지고, 척심정 아래 흐르는 물은 예나 지금이나 맑기만하네."라고 읊었다. 중봉 조헌이 그 덕행을 기려 「뢰」(誄)를 지었는데. 짧은 경구(一寸鐵)와 짙은 향기(十炷香)로 견주었다. 남고서원(南皐書院)에 추배되었고, 8세손 영수(英洙)가 「가장」(家狀)을 썼고, 「행장」과 「묘갈」은 세자의 세마 이도중(李度中)이 지었다. 매당은 최후까지 고봉의 임종을 지켜보았던 사람이다. 곧 그는 큰 자부의 아버지에 해당되며, 고봉과는 사돈관계에 있었던 사람이다.

5. 고봉의 사상적 내용

고봉은 과거(科擧)학에 대해서 크게 마음을 두지 않았다. 「삼해」(三解) 가운데 첫째, '적해'(跡解)를 보면, 과거보다도 중요한 것이 따로 있다고 보았다. 즉 농사일이 바빠 다른 일을 볼 수가 없을 지경인데 과거를 본다는 것이 크게 도움이 되지 못하다는 견해이다. 물론 과거를 보는 목적도 녹봉을 위한 것이지만 사마시 같은 것은 비용만 많이 들고 실속이 없는 것이어서 헛된 명예를 얻기 위해서 정력을 쓸 필요가 없다는 것이다. 더구나 합격을 하면 부모님의 얼굴을 펴드리는 역할을 하지만 불합격하면 더욱 큰 고통이 따를 뿐이라고 한다. 일에는 완급이 있고 정에는 친소가 있으니, 남을 걱정하는 것보다 나의 학문을 가다듬는데 열중하면 족하다고 하였다. 그가 말하고 있는 '적해'란 성취한 일의 결과를 가지고 풀어보는 방식이다. 둘째, '의해'(意解)에서는 선악을 행하는 원인은 자기에게 있기 때문에 나의 책임하에 둘 수 있으나, 평가에 대한 것은 남이 하는 것이니, 내가 어쩔 수 없는 것이라고 본다면, 남의 평가에 신경을 곤두세울 것이 없다고 본다. '명분은 실제의 손님이고, 이익은 손해의 주인이다.'라는 말을 거울삼아, 나의 주관에 맞는 것이면 줄기차게 추진해 나갈 것이라고 하였다. '의해"는 일을 성취하는데 주체성의 여하를 가지고 풀어보는 방식이다. 셋째, '이해'(理解)에서는 천지의 도리가 나에게 갖추어져 있고 자연이 바로 나이고, 내가 바로 자연이라는 것을 알아 자연과 일치되는 삶을 살아가는 것이라고 본다. 그 방법으로는 성경(誠敬)이라는 줏대를 가지고 사는 것이다. '이해'는 이치나 도리를 가지고 풀어보는 방식이다.

과거학이 첫째의 목적이 되어서는 안되며 먼저 실용의 학문과 성경의 학문에 힘써야 하는 것으로 생각하고 있다. 효제와 절의가 학문의 주류를 이루고 진실무망(眞實无妄)의 성(誠)과 주일무적(主一無適)의 경(敬)이 중심을 이루는 공부에 동의하고 있다.

고봉의 사상을 분야별로 나누어 보면 ① 사칠논변 ②「논곤지기」 ③ 경학사상 ④ 윤리사상 ⑤ 경세사상 ⑥ 교육사상 ⑦ 예학사상 ⑧ 문학사상에 대하여 분절하여 그 대강을 요약·정리하기로 한다.

1) 사칠논변(四七論辯)

퇴계와 고봉의 사단칠정이기논변의 전말을 살펴보면 그 논변에 대한 대강의 규모를 이해할 수 있다. 기묘년(1519) 사화에 연루되어 모재 김안국(慕齋 金安國; 1479-1546)과 사재 김정국(思齋 金正國; 1485-1541)이 고양의 도망동(都芒洞)으로 내려와 있을 때, 마침 추만이 이 두 선생으로부터 배우기 시작하였다. 무술년(1538) 두 선생이 소환되어 추만도 현재의 서소문 부근의 서성동(西城洞)에 정착하게 되었다. 추만이 「천명도」를 작도한 것은 1544년 이전의 일이다. 퇴계는 명종 8년(1553) 4월 성균관 대사성에 제수 되었다.

퇴계가 서울에 올라와 李교(호: 遠巖)로부터 「천명도설」을 얻어 보고 그 작자를 찾던 도중 우연히 그것이 이웃에 사는 추만 정지운(秋巒 鄭之雲, 1509-1561)에게서 나온 것을 알았다. 퇴계는 추만을 만나 보기를 청하여 드디어 양인은 서로 처음으로 상면하게 되었다. 그러나 퇴계가 이교로부터 얻어 본 것과 추만이 가져온 것과는 약간의 차이가 있었다. 퇴계가 본 「천명구도」(天命舊圖)에 의하면, 분명 '사단은 이에서 발하고 칠정은 기에서 발한다.'(四端發於理 七情發於氣)라고 쓰여있다. 그러나 정추만의 『천명도설』의 「천명구도」는 이와는 달리 '사단의 발동은 순수한 이(理)이기 때문에 선하지 아니함이 없고, 칠정의 발동은 기질을 겸하기 때문에 선악이 있다.'(四端之發 純理故無不善 七情之發 兼氣故有善惡)라고 하였다. 퇴계는 계축년(1553) 10월에 '사단의 이의 발동이며 칠정은 기의 발동이다.'

7년간 8년간

(作圖 1544년경)……논쟁발단 1553-→논변개시 1559. 1.-→종결 1566

(退溪「天命圖」訂正) (高峯答退溪書)

〔長期: 전후 14년간〕 ←———→ 〔短期: 전후 8년간〕

(四端理之發 七情氣之發)라고 정정(訂正)하였다. 이것이 결국 논란의 씨앗이 되었다.

퇴계와 고봉의 편지는 전후 6차례에 걸쳐 전개되었다. 그러나 퇴계의 제3서는 고봉에게 전달되지 않았고 고봉의 「사단칠정후설」, 「사단칠정총론」으로 마무리되었다. 결국 문제점을 남기면서 논쟁은 마무리되었다. 논변의 과정을 도식화하면

다음와 같이 분류할 수 있다.

	日 時	主唱	內 容	典 據
1	1537 이후 丁酉, 11세 (고봉의 年歲, 이하 동일함)	秋巒	秋巒 鄭之雲(1509-1561)이 「天命圖說」을 제작함 ◯ 「慕齋年譜」에 의하면 모재 金安國이 丁酉年(1537)에 소명을 받고 조정에 나아갔다. 「辨錄」에는 戊戌年(1538)으로 되어 있으나 오류인 듯 함. ◯ 1537년 이후에 추만이 「천명도설」을 지은 것으로 봐야 한다.	
2	1539년 전후 己亥, 13세	추만	「천명도」를 제작하여 慕齋 金安國(1478- 1543)과 思齋 金正國(1585-1541) 양선생에게 질정을 요청하였으나 수정하지 못하고 서거함, 「辨錄」에는 「기묘」(1519)로 되어 있으나 「己亥」(1539)의 착오인 듯함 ◯ 이후로 士友들에게 여러 차례 보여줌	
3	1549. 8. 己酉	하서	「題鄭秋巒天命圖後」(『하서집』소재)를 씀	

<table>
<tr><td rowspan="5">4</td><td rowspan="5">1553
癸丑, 27세</td><td rowspan="3">추만</td><td>內 容</td><td>典 據</td></tr>
<tr><td>四端之發 純理故無不善
七情之發 兼氣故有善惡</td><td>『天命圖說』의 「天命舊圖」의 내용임 ○ 처음 이고가 퇴계에게 보인 것인지 명확치 않음</td></tr>
<tr><td>四端 發於理 七情 發於氣</td><td>『퇴계전서』 권41 「天命舊圖」 ○ 가을 퇴계를 2-3번 방문하여 질의함, 「변록」의 계미년(1523)은 오류임 ○ 퇴계가 추만에게 직접 얻은 「천명구도」</td></tr>
<tr><td>퇴계</td><td>四端 理之發 七情 氣之發</td><td>『퇴계전서』 권41 「天命新圖」 ○ 10월 퇴계가 訂正한 것임</td></tr>
<tr><td>추만</td><td colspan="2">퇴계의 考訂을 바탕으로 하여 이듬해 갑인년(1554) 추만의 「天命圖說序」가 이루어짐</td></tr>
</table>

<table>
<tr><td>5</td><td>1523-1559</td><td>士友</td><td>퇴계가 訂正한 것에 불만을 품고 논란함 ○ 추만, 고봉, 일재, 하서, 소재 등 신진사류들의 불만.</td></tr>
</table>

<table>
<tr><td>6</td><td>1553.
臘平節 癸丑</td><td>퇴계</td><td>「天命圖說後敍」(『퇴계집』 「잡저」 또는 『천명도설』에 소재)를 씀</td></tr>
</table>

<table>
<tr><td>7</td><td>1554. 1. 1.
甲寅</td><td>추만</td><td>「天命圖說序」(『천명도설』소재)가 이루어짐</td></tr>
</table>

8	1558 戊午, 32세	고봉	7월 서울 과거보러 가는 도중에 일재를 찾아가 「태극도설」에 대하여 논하였으나 의견 불일치 ○ 10월 고봉이 과거보러 서울에 갔을 때, 추만이 「천명도」를 고봉에게 보여줌, 고봉은 도설에 잘못된 것이 많아 定論이 되지 못한다고 평가함, 당시 퇴계는 귀향한 상태임 ○ 11월 서울에서 고향으로 돌아오는 길에 일재를 만나 의논하였으나 마치지 못하고 돌아옴, 「高峯答一齋書」 ○ 「하서연보」에 의하면, 11월 일재가 태극과 음양을 一物로 삼으니, 고봉이 그르다고 하였으나 결말을 보지 못하고, 고봉이 하서를 찾아갔는데 고봉의 의견과 일치함 ○ 11월 하서의 자제 從龍이 하서와 고봉의 논의내용을 장인인 일재에게 보고함 ○ 12월 고봉이 朴和叔便에 퇴계에게 서신을 보내 퇴계가 고친 '四端理之發 七情氣之發'에 대하여 반론을 제기함 ○ 「변록」도 연대가 동일함.	
9	1559. 1. 5. 己未, 33세	퇴계	四端之發 純理故無不善 七情之發 兼氣故有善惡	**「退溪與高峯書」** ○ 訂正한 것을 再訂正함.
10	1559. 3. 5. 己未, 33세	고봉	四端 發於理而無不善 七情 發於氣而有善惡	「고봉의 제1서」 ○ 6을 고봉이 再整理하여 표현한 것임 ○ 이 달에 「四端七情說」 저술
11	1559. 10. 己未, 33세	주자	四端是理之發 七情是氣之發	**「퇴계의 제1서」** ○ 『朱子語類』를 퇴계가 인용

12	1560. 1. 16. 庚申, 34세	河西	河西 金麟厚(1510-1560)가 易簀함, 3월에 弔問함	
13	1560. 5. 15. 庚申, 34세	고봉	2편 ◯ 추만에게 편지를 써 「천명도」에 관하여 논의함 ◯ 퇴계가 본연지성과 기질지성, 사단과 칠정을 확연히 구분하는 것에 반대함	
14	1560. 8. 庚申, 34세	고봉	퇴계가 考訂한 추만의 「천명도」도 불합리함	「고봉의 제2서」
15	1560. 11. 庚申, 34세	퇴계	四端 理發而氣隨之 七情 氣發而理乘之	「퇴계의 제2서」 ◯ 내용은 「改本」, 「後論」, 「別紙」
16	1561. 1. 16. 辛酉, 35세	고봉	情之發也 或理動而氣俱 或氣感而理乘	「고봉의 제3서」 ◯ 내용은 「第1書改本」, 「條列」, 「後論」
17	1561-1566 ?	퇴계	6개 항목에 걸쳐 고봉에게 답변함	「퇴계의 제3서」 ◯ 퇴계는 써만 놓고 送達하지 않음
18	1566. 7. 丙寅, 40세	고봉	情의 사단·칠정, 性의 본연·기질의 대비는 오류, 칠정 중에 절도에 맞는 것은 본연의 성에서 나온 것과 동일.	고봉은 「사단칠정후설」, 「사단칠정총론」을 지어 퇴계에게 보냄, 즉 결론임.
19	1566, 11. 6. 丙寅, 40세	퇴계	고봉이 보내 준 「사단칠정후설」과 「사단칠정총론」의 내용이 훌륭하다고 평가하였다.	『四七理氣往復書』에 「退溪與高峯書」 2편이 있는데, 마지막 편지를 11월 16일 보낸 것임.

퇴계와 고봉의 기본적인 입장차이를 논변의 과정에서 좁혀진 것도 있지만 부합되지 않은 것이 많으며 일정한 결론을 내지 못하여 미해결문제로 남아 있는 것이 있다. 그 학설상의 동이점을 분석해 보면 아래와 같다.

	퇴계의 이기론적 경향	고봉의 이기론적 경향
1	對擧互言·不相離	相循不離·不相離
2	二元論的	一元論的
3	對擧·橫的·水平的	因仍·縱的·垂直的
4	橫看·左右·空間的	縱看·上下·時間的
5	理氣分立	理氣共在
6	實踐的·主體的·體認的	論理的·理論的·整合的
7	理氣對立分言說	理氣共在渾言說

사단의 선(善)과 칠정의 선(善)을 같이 볼 수 있는 것인가? 아니면 두 가지의 선은 질적으로 다른 것인가? 퇴계는 이 양자를 달리 취급하려고 하였다. 그러나 고봉은 이것은 하나의 선으로 취급하려고 하였다. 사단과 칠정을 본연지성과 기질지성으로 나누어 보려는 시도는 많은 무리를 안은 채 퇴계에 의해 주장되었으나 고봉의 끈질긴 합리적 변박에 의해 퇴계는 스스로의 논리를 바꾸지 않으면 안되었다. 이기공발설을 주장하는 고봉은 사단과 칠정을 같은 것으로 보고 있다. 중절과 부중절에 의해 결국 선악이 갈리게 된다고 본다. 하물며 주자가 말하듯이 사단도 항상 선한 것은 아니다. 퇴계는 결국 『천명도설』본의 「구도」의 입장으로 다시 환원하는 셈이 된다. 그러나 그 말은 약간 달리 표현되고 있다. 퇴계는 곧 '사단은 이가 발동하여 기가 따

르고 칠정은 기가 발동하여 이가 탄다.'(四端,理發而氣隨之 七情,氣發而理乘之)'라고 하여 이기공발적인 고봉의 입장을 수용하고 있으나 발동의 주체(主體)문제에 있어서, '이발'과 '기발'을 인정하는 지금까지의 입장을 고수하고 있다. 퇴계는 『주자어류』에 보이는 '사단은 이의 발동이며 칠정은 기의 발동이다.'(四端是理之發 七情是氣之發)이라는 근거를 가지고 퇴계는 고봉을 제압하려고 하였으나 고봉은 그것도 종적인 입장에서 보는 것이 아니면 틀린 명제라고 말하였다. 고봉은 마지막 제안으로 '정(情)이 발함에 이가 움직여 기가 갖추어지기도 하고, 기가 감동하여 이가 타기도 한다.'(情之發也 或理動而氣俱 或氣感而理乘)라고 제안하였으나 여기까지 동의하지는 않았다. 만약 퇴계가 이같은 고봉의 입장을 수용한다면 그의 이분법적인 논리에 치명상이 되어 자신의 이원론적 주장이 물거품이 되기 때문이다.

퇴계는 이발(理發)이라고 한 것은 맹자의 사단의 확충에 중점을 두고 한 말이며 칠정의 발동에 대해서는 수양하고 경계해야 한다는 의미로 설명하고 있으나 그것은 근본부터가 다른 말이다. 윤리적 확충문제가 근본적인 우주론적인 문제와 분리되어 있는 것이 아니다. 퇴계의 제자에 대한 신중한 답변은 교사로서의 충분한 자질을 읽어볼 수 있는 부분이기는 하지만 우주론적인 논리성과 수양론적인 실천성이 둘이 아닌 이상 퇴계가 사단과 칠정을 이기로 나누어 보는 입장을 수양론적인 데 중점을 둔 것이라고 두둔해서는 안될 것이다. 퇴계의 비합리적이면서 논지를 명확히 파악하지 않은 점을 솔직히 인정해야 할 것이다.

율곡은 임신년(1572) 성호원에게 답하는 편지에서 퇴계와 고봉의 사단칠정논변에 대하여 다음과 같이 평가하고 있다.

> 퇴계가 기명언(고봉)과 사단칠정을 논한 것이 무려 수만을 헤아릴 수 있지만, 명언의 이론은 분명하고 똑바로 갈라져 마치 대나무를 쪼개는 것과 같고, 퇴계는 변설이 비록 상세하나 이치가 밝지 않아 반복하여 음미하여도 마침내 틀림이 없이 확실한 점을 찾아볼 수 없다. 명언의 학식이 어찌 감히 퇴계를 따를 수가 있겠는가마는 다만 재능이 있어 우연히 이러한 처지에 도달된 것이다.

율곡의 이러한 평가가 개인적이고 주관적인 논술이라고 하지만, 적어도 사단칠정론에서는 퇴계가 애매모호하고 고봉은 명쾌하였으며, 논증과정에서 고봉이 월등하다는 것을 의미한다. 학식이 퇴계를 따를 수 없다는 말은 일반적인 비교평가에 있어서는 퇴계가 우월하다고 하지만 실제에 있어서는 고봉의 월등한 것이며, 영명성에 있어 퇴계가 그를 따를 수 없다는 역설적인 표현이기도 하다.

2) 「논곤지기」(論困知記)

정암 나흠순(整庵 羅欽順, 1465-1547)의 『곤지기』(困知記)는 조선중기 학문계에 크나큰 반향을 불러 일으켰다. 그의 학설 가운데서 이기일물설과 인심도심체용설에 대하여 중점적으로 비판하기 시작하였다. 고봉은 나정암의 이기일물설은 물론 인심도심체용설도 단호히 배척하였다. 이기일물설(理氣一物說)에 대해서는, 퇴계는, 고봉도 정암과 마찬가지의 의견을 가지고 있는 것처럼 여기다가 나중에는 자신의 견해를 수정하여 고봉의 이기론이 일물설과는 다르다는 것을 승인하기에 이르렀다. 퇴계는 나정암의 학문이 선학적(禪學的)이 요소가 짙다고 말하였다. 나정암은 정주(程朱)를 믿어 선학(禪學)을 꾸짖은 것이 분명하지만, 이론적으로 보면 정주학과 상반된다고 하고, 제자인 추만 정지운(秋巒 鄭之雲)도 마찬가지의 생각을 하여 이기일물·일체설과 인심도심체용설을 극력 비난하였다. 율곡도 이기를 일물로 보는 병통을 정암이 가지고 있으며, 이기호발을 주장하려거든 차라리 명의는 틀려도 인심도심체용설을 주장하는 것이 좋을 것이라고 하여 결국 나정암의 기본적 두 가지 사상체계를 의심하였다.

이기불상리와 이기일물성은 표면적으로 보면 약간의 차이를 가지고 있다고 할지 몰라도 질적으로 보면 상당히 큰 이질성을 지니고 있다고 볼 수 있다. 일재와 소재를 중심으로 일부 학자에게 호응을 받았다고 하지만 그 파장은 적다고 할 수 없다. 정주학이 주류를 이루고 있은 한국성리학계의 현실로 보면 다양한 학설을 인정하려 들지 않았음은 분명한 사실이다. 이단(異端)이란 바로 정주성리학에 어긋나는 학설을 두고 한 말로 변질되었다. 나정암의 학설도 이러한 학문적 풍토에서는 원만하게 자랄 수 있는 것은 아니었다.

고봉은 이기일체설을 반대하고, 이기불상리적인 입장에 서 있지만, 이기일물설을 인정하려는 것은 아니며, 그렇다고 이기이물설을 선호하는 것은 더욱 아니다. 「태극도」를 보면 「제1도」의 맨 위의 동그라미는 태극을 말한다. 그 아래 동그라미는 음정·양동(陰靜·陽動)을 뜻한다. 그러나 「제2도」의 한 가운데의 동그라미도 태극을 가리킨다. 이것이 태극의 본체이다. 음양과 같이 있으면서도 태극은 태극의 자리를 지키고 있다. 태극과 음양은 이렇게 같이 있으면서도 각기 제역할을 하고 있다. 같이 있다고 하여 동일하다고 말하지는 않고 각기 제역할을 한다고 해서 이물(二物)이라고 보면 안된다는 것이다.

고봉이 일재학설을 비판하는 입장에서는 적어도 퇴계와 그 궤(軌)

를 같이 한다. 즉 적극적으로 나정암과 일재의 태극음양일체설(太極陰陽一體說) 곧 이기일물설을 배척한다. 나아가 나정암과 노소재의 인심도심체용설도 배척한다. 일재는 나정암의 이기설을 취하고, 인심도심을 버린다. 노소재는 나정암의 이기일체설을 버리고, 인심도심체용설을 취한다.

고봉은 「논곤지기」에서 서론을 제외하고 약 8개 항목에 걸쳐 나정암의 학설을 비판하였다. 특히 선학적인 요소가 안에 스며 있으면서도 겉으로는 오히려 선학을 배척하는 나정암의 속마음을 읽어보았다. 이기일물과 인심도심체용설에 대해서도 『곤지기』 본문에 나오는 말을 그대로 인용하고, 자신의 고설(考說)을 붙여 비교적 상세하게 변론하였다.

잊어버려서는 안될 일은, 나정암은 『곤지기』에서 '이(理)란 기(氣)의 이(理)'라고 말하고, '이(理)는 모름지기 기(氣)에 나가 인취(認取)해야 한다.'라는 것은 인정하지만 '기(氣)를 이(理)로 오인하는 것'(認氣爲理)은 인정하지 않는다. 이(理)는 형색도 냄새도 없기 때문에 직감할 수 있는 것은 아니다. 기(氣)를 통하여 이(理)의 존재를 인식하는 것은 당연한 일이다. 그러나 나정암이 두려워하는 것은 기(氣)를 이(理)로 오인해서는 안된다는 것이다. 이 말은 이기가 동일하다는 말은 아니다. 이기일물이라고 할 때 그것은 이기의 동일성에 중점을 둔 것이 아니다. 포개져 하나이지만 그것은 양자의 개체성이 살아 있는 그러한 이기이다. '일이이 이이일'(一而二 二而一)이라고 하는 말이 바로 이러한 관계를 나타낸다고 봐야 할 것이다. 동일성(同一性)이 아니라 공재성(共在性)이며, 혼연성(渾然性)이 아니라 무간성(無間性)이며, 융합성(融合性)이 아니라 일체성(一體性)이다. 다시 말하면,

이기의 화학적(化學的) 결합이 아니라 물리적(物理的) 결합이다.

3) 경학사상(經學思想)

고봉은 분명 경전에 역점을 두고 있었던 경학지사(經學之士)이며 동시에 시무를 중시하는 경세지사(經世之士)이다. 그의 경학은 하나의 완성된 체계로 구성된 것은 아니라고 해도, 우리는 단편적 기술을 통하여 그의 경학에 대한 태도를 짐작할 수 있을 것이다.

고봉의 주안점은 '실사적 실용학'(實事的 實用學)으로서의 경세택민이 우선적으로 거론되고 있다. 그러나 그것의 기본이 되는 것은 경학이라는 것을 추론할 수 있다. 여기에 덧붙여 그는 실학의 선구적 역할을 하였다고 볼 수 있다.

『논사록』은 경전의 본문을 해석하고 있지는 않지만, 관계된 현실문제를 다루고 있다. 그러나 사관의 원래의 필사본에는 주석이 들어 있었던 것인지 또는 원래 빠져 있는 것인지는 분명치 아니하다. 성(誠)이나 예(禮)와 같은 용어를 설명하는 곳에서는 훈고학적(訓詁學的) 특성을 지니고 있는 것도 사실이다.

주석의 방향은 대체로 정주학을 기준으로 하여 부연설명을 가하고 있다. 독창적인 해석도 보이지만 정주학에 매몰되지 않고 당시의 현실과 실정에 맞게 재구성한 것이라고 볼 수 있다. 『근사록』이나 『성리대전』을 비롯하여 송대의 선현들의 기술을 주석한 세주(細註)가 오류가 있는 것을 보고 대문(大文)만을 인행(印行)해야 한다고 주장한 것은 추종만이 아닌 학문적 주체성을 엿볼 수 있는 부분이다.

포은 정몽주를 '동방이학의 종장'(東方理學之祖)이라고 한다. 그로부터 시작되는 도통을 중시하고 이것을 기반으로 하여 정주학의 체계를 파악하고자 하였다. 특히 퇴계의 학문을 존숭하여 그의 학덕을 배우기를 마지 않았으며 회재와 정암의 학문을 즐겨 말하고 있다.

고봉의 학문 가운데서, 그가 특히 『소학』을 강조한 것은 여말선초의 학문적 경향을 그대로 받아 들이면서, 무엇보다도 학문기반을 수신에 두고 있음을 역력히 볼 수 있다.

『논사록』의 기술 내용 가운데서 하나의 문제점은 4차례의 강론(제4강, 제5강, 제6강, 제7강)이 『조선왕조실록』에는 퇴계 이황의 계(啓)로 되어 있다는 사실이다. 그러나 이는 하곡 허봉(荷谷 許葑, 1551-1588)이 『논사록』을 작성할 때 사관의 초고본(草書本)을 보고 썼기 때문에 『실록』보다 오히려 『논사록』을 믿는 것이 나을 것이다. 즉 하곡은 제1차 자료를 보고 쓴 것이며 『실록』은 제2차 자료에 불과하기 때문에 『논사록』이 더욱 신빙성이 있다고 본다.

경전에 대한 고봉의 태도는 대단히 진지하다. 정사(正史)는 치란과 존망이 갖추어진 책이기 때문에 보지 않을 수 없지만 그러나 한갓 문자만을 보고 그 사적을 보지 못한다면 해가 될 뿐이며, 경서는 심오하고 난해하며, 사서(史書)는 사적이 분명하여 세상사람이 모두 좋아한다고 전제하고, 예로부터 유학자가 잡박하기는 쉽고 정미하기는 어려운 법이라고 하였다. 이어서 동중서의 '육경의 과(科)에 속하지 않는 사람은 모두 내쫓아야 한다.'라는 말을 인용하여 경서를 높이고 기타 황당무계한 『전등신화』나 『삼국지연의』와 같은 것은 볼만한 가치가 없는 것으로 평가하고 있다. 유자가 꼭 봐야 할 책으로는 경전은 물론이려니와 "우리 유가의 학문 가운데 정주의 논리가 대단히 옳다."(吾儒學問中 程朱之論 甚是)라고 하여 정주의 글을 권장하고 있다. 그런데도 오히려 정주의 글은 진부한 것이라고 일축해 버리고 신기하고 새로운 글만을 읽기를 좋아하는 세태를 한스럽게 여겼다. 그러나 실용성이 없는 시문사화(詩文詞話)는 근절해야 한다고 주장하고 있다.

군주가 마땅히 봐야 할 책은 경전이며 잡서를 봐서는 안된다고 역설한다. 고봉은 그러나 일면 『사서장도』(四書章圖)를 인행하도록 명령을 내린 틈을 타서 영락제가 『사서오경』의 세주와 『성리대전』을 찬수하게 한 일을 말하고, 시서(詩書)와 같은 경전류와는 달리 세주가 틀린 곳이 많기 때문에 대문대주(大文大註)만을 간행하여 읽도록 하는 것이 좋을 것 같다고 하였다.

고봉은 다른 사화(詞話)나 괴탄한 문학류의 책을 읽기 이전에 임금이나 학자가 모두 경전에 힘써야 한다고 역설한다. 『논사록』에는 비교적 경전의 주석에 대한 논술은 많지는 않지만 그가 경전을 무엇보다도 중시한 글들은 여러 곳에 산재해 있다. 경제치민의 책으로써 『논사록』이 가지는 가치는 대단하지만 그에 앞서 주제가 경전의 일정한 구절이 되고 강제(講題)가 분명히 나타난 것을 보면 비록 자기의 의도적인 것은 아니라고 해도 그가 경전을 무엇보다 소중히 여기고 무엇보다도 먼저 읽어야 할 것이라는 내심의 확신이 있음을 간과할 수 없다.

고봉은 통의식(統意識)을 중시하고, 우리나라의 도통(道統)을 확고히 설정하였는데 조광조 이후의 도통이 끊어진 이래로 회재, 퇴계를 정통으로 높이 평가하고 있다. 고봉은 고명하고 탁월한 자질로써 천리를 보존하는 데 힘썼고, 그의 일거일동이 퇴계의 그것을 모범으로 삼았다. 고봉은 분명 영특한 자질을 가지고 태어난 생지(生知)에 가까운 사람이라고 평하기도 하고 학문이 천인에 이르고 그 영매함은

온 세상에서 제일이라고도 한다. 70인의 제자가 공자를 마음으로 따른 것과 같이 그는 퇴계를 심복하였다고 한다. 퇴계도 더욱 추장하고 스승의 자리를 양보할 정도로 고봉의 학문을 높이 평가하였고 다른 사람과는 달리 고봉에게서 암시를 얻는 적이 많았다고 한다.

고봉의 학문적 계통은 퇴계학이다. 「청향소」(請享疏)에는 퇴계가 주자학을 이었고 고봉이 퇴계학을 이었으며 퇴계학이 곧 고봉학이라고 말한다. 더욱이 그의 순정한 연원과 심오한 조예는 의심될 만한 것이 전연 없다고도 한다. 고봉은 퇴계의 적전(嫡傳)으로, 절학(絶學)을 이었으며 심오한 성리학을 천발(闡發)하였다고 평가되고 있다.

여헌 장현광은 "퇴계는 몸을 거두어 감추고, 겸손하며, 깨끗하게 높은 절개를 지키는(斂藏 · 廉退 · 淸修 · 苦節) 도리를 가지고 스스로 지키고(自守), 고봉은 발양하고, 직설적이며, 준절한(超揚 · 發越 · 直截 · 峻特) 의리를 가지고 스스로 힘썼다(自勵)"라고 하여 퇴계와 고봉의 학문을 자수(自守)와 자려(自勵)로 구분하고 있으나 기상이 서로 비슷하며 성실성과 부지런함은 고봉이 퇴계한테서 배웠을 뿐만이 아니라, 퇴계도 고봉에게서 얻은 것이 많다고 말한다.

고봉은 46세의 짧은 생애를 보냈으나 그의 경세학적 업적은 당시의 학술계를 감화시켰을 뿐 아니라 후인들의 좋은 귀감이 되었다. 영명한 재치를 가지고 논리성을 가미하여 논파하는 그의 사단칠정론도 중요하지만 그의 학문의 터전은 수신에 있으며, 더욱 기초적인 터전인 경학에 있음을 간과할 수 없다. 선조와의 진지한 시무(時務)에 대한 논난은 그의 경세학적인 정열이며 웅지(雄志)이다. 그러나 그것을 밑받침해 주고 있는 것은 경학이라고 할 수 있다.

4) 윤리사상(倫理思想)

고봉은 예학에 조예가 깊다. 윤리학의 문제는 사람의 규범에 관한 일인 이상 인간중심주의적 색채가 강하지만, 그도 또한 독자적인 윤리적 주체를 세워 그 주체성의 기능을 바탕으로 하여 현실을 개선하려는 의지가 두드러졌다. 그가 윤리문제를 말할 때마다 자연을 거론한다. 그의 윤리학적 관점은 그의 우주론적 입장과 직결되어 있다. 선악의 문제가 이기의 문제와 연결되어 존재와 가치가 둘이 아니라는 유가의 철학적 관점에 근거하고 있다. 예학에 있어서도 고례(古禮)에 밝아 절차나 제도에 있어 해박한 지식을 가지고 있었으며, 조선조의 예학을 주도하는 입장에 서 있다.

무엇보다도 고봉은 인간의 주체성과 능동성을 인정한 바탕 위에서 윤리와 도덕을 구축하려고 하였다. 천인합일의 기본체계를 인정하면서 인간의 능동성을 극대화하는 데 일익을 담당하고 있다.

악을 선으로 바꾸는 것도 수양에 의해 가능하다. 그러나 이러한 마음의 이전을 인정하는 데에서만 수양이 가능하다. 아무리 해도 선으로 갈 수 없는 실정이라면 아예 수양을 포기함이 마땅하다. 고봉은 비록 현재는 악하다고 해도 선으로 갈 수 있는 길을 터놓았다. 하늘에 모두를 맡기는 것이 아니라 인간의 부단한 노력에 의해 바람직한 방향으로 개선할 수 있는 소양을 가지고 있는 것이 사람이다. 고봉은 개선, 수양에 대한 강한 신뢰를 나타내고 있다.

퇴계와의 논쟁에 있어서도 고봉은 중절과 부중절에 의해서 선악이 갈라지게 됨을 말하고 있다. 절도에 맞는 것은 아무런 인위적인 작위가 없어도 되는 것은 아니다. 부단한 인간의 의지력에 의해 도달된다. 대체적으로는 사단이 선임을 인정하지만 자세히 보면 사단도 선일변도만은 아니라고 주자의 암시에 의해 자신의 의견을 재정립하였다.

고봉의 주안점은 인간의 실존적인 삶에 있다. 천인합일이 변함없는 유가의 철학적 기반임에는 틀림이 없으나 그 가운데에서도 인간을 신뢰하고, 인간에게 비중을 둔 천인상감의 입장을 고수하려고 한다. 천인상감이라고 해도 감응하는 그 자체보다는 인간의 능동성과 역동성을 강조한 것이다. 천리를 따르는 것만이 능사가 아니다. 천리가 인간에게 바람직하지 못한 방향에로의 이전이 생긴다면 그것을 올바르게 돌이킬 수 있는 기능도 사람에게 있다. 고봉은 천명에 의해 인간에게 부여해 준 성(性)을 기초적 가치로 여기면서도 사람의 역할, 즉 바람직하게 가려고 하는 사람들의 열망에 부응하려고 애썼다. 천명에 의해 제약된 피동적인 인성을 인간의 감응에 의한 능동적인 인성으로 바꾸려고 하였다. 이것이 고봉의 독자적인 윤리학의 시발점이 있다.

5) 경세사상(經世思想)

『논사록』은 갑자년(1564, 명종 19년 2월 13일)에서 임신년(1572, 선조 5년 5월 1일)까지 경연의 28강좌를 간추려 적은 것이다. 내용은 거의 경전을 근거항목으로 강론하고 시무를 논한 것으로 추측된다. 경전의 해석에 관한 것은 대부분 추록(抽錄)되지 아니 하였고, 다만 시사(時事)를 논한 것만이 대부분 그대로 수록되어 있다. 분명 초록(抄錄)하는 과정에서 시사를 중요시하여 경전해석은 생략된 것이다.

정치를 하는데 있어 필수적인 문제를 『논사록』에서 추출하여 몇 가지의 문제를 중심으로 행정의 기본 줄거리를 분류해 보기로 한다.

첫째, 군권(君權)의 기본강령은 인군의 입지(立志), 적절한 인재등용과 관료에 의한 책임정치의 구현이다. 이상정치를 실현하기 위해서는 삼대의 성왕을 본받으려는 뜻이 중요하다고 본다. 국가 안에 있는 갖가지의 사물과 사람들은 모두 임금의 의지, 입지에 달려 있다. 고봉은 인군의 입지란 "온 나라 안에 수많은 인민과 곤충 초목까지도 모두 내 한 몸을 우러러보고 의지하고 있으니, 이들로 하여금 각기 그 살 곳을 얻게 하여야 한다."라는 마음을 먹는 것이라고 하였다. 또 우환의식(憂患意識)을 입지로 인정하고 있다. 백성이 편안하지 못할까, 기거와 침식에 있어서도 정사에 해되는 것이 아닐까, 사려와 언어에 있어서도 정치를 해치는 단서가 있을까 염려하며 걱정하고 두려워하며 살얼음을 밟듯이 하며, 누구나 요순과 같은 훌륭한 임금이 될 수 있다는 신념을 가지는 것이 바로 '입지'라고 본다. 정치의 목적은 요순의 군민으로 만드는 도학정치이다. 요순은 이상적인 제왕이며, 그 백성은 이상적인 백성이다.

인군은 뜻을 세우는 것도 중요하지만 어진이를 구하여 책임을 맡기는 일이 입지 다음으로 중요하다. 하루에도 수많은 일이 일어나는 정치는 임금의 독단에 의한 것이 아니라 의정부를 비롯한 육조의 재량권을 인정해 주어야 한다. 이것이 군주의 책임정치이다. 이상적인 것은 장관이 먼저 결정하고 그 내용을 임금에게 품달하는 것이며, 바람직하지 않은 것은 임금의 독단적인 결제에 의하여 모든 것이 결정되는 경우이다. 관료는 수고로운 일을 하고 인군은 수고로운 일을 할 인재를 발탁하고, 역량이 부족한 관료는 재빨리 교체하는 일일뿐이다.

유능한 인재를 적재적소에 오랫동안 머무르게 해도 상관할 것이 없지만, 특히 이조판서와 병조판서를 빨리 교체하는 것은 행정의 연속성을 무시한 것이다. 고봉은 ① 인군의 입지 ② 인재등용 ③ 일정한 관료의 권한에 인정하는 책임정치를 말하고 있다. 그러나 관료들이 자기의 책임을 다한다고 믿을 수 없는 것이 일반적이기 때문에 크나큰 기대나 형벌에 의한 규제를 일삼아서는 안된다고 경고한다. 관용의 정치가 바로 치도(治道)의 강령이라고 보고 있다. 고봉은, 옛말에 "어진이를 아는 것이 어려운 것이 아니라, 어진이를 알고나서 신임하는 것이 어렵다."라는 말을 인용해 가면서, 중종 연간의 군자와 소인배가 뒤섞여 분간할 수 없는 지경에 이르러, 결국은 군자가 관직을 버리고 떠나고 소인만 남게 되는 과거의 잘못을 거울삼아야 하며, 또 퇴계 이황, 남명 조식, 일재 이항과 같은 인물을 중앙으로 이끌어 오려는 인군의 애썼던 상황을 상기시키고 있다. 인군이 어진이를 찾는 것은 과거에 의한 것만이 아니라, 추천에 의한 경우도 많다. 이렇게 애써 어진이를 찾는 것은 책임정치를 구현하고자 하는 것이어야 한다. 고봉은 책임정치를 통하여 신권(臣權)을 인정하고 있는데, 이것은 그의 합리적 행정을 대변해 주고 있는 부분이기도 하다.

둘째, 신하의 직언(直言)이다. 간신(諫臣)이 있으면 나라가 부패하지 않으며, 백성의 일용이 모자라지 않는다. 제25강(講)(선조 2년 기사년 윤 6월 6일)을 보면 정치를 담당하는 임금과 신하의 곧은 말과 행위에 대한 것이 중점적으로 논의되고 있다. 직언(直言)은 특히 신하로서 정치에 임하는 관료가 지켜야 하는 주요한 의무이다. 그러나 선조는 직언을 하는 사습(士習)이 중국에 미치지 못하다고 평가하고 그 여부에 대하여 여러 신하의 의견을 개진하도록 하였다. 심의겸(沈義謙, 1535-1587)은 중국에는 엄숭(嚴嵩)이 나쁜 짓을 할 때 추응룡(鄒應龍)이 훌륭한 신하를 살육하는 것을 보고 직언을 한 적이 있는데, 명종 20년 동안 윤원형(尹元衡)의 잘못을 말한 사람이 없다고 말하고 있는데, 정탁(鄭琢, 1526-1605)도 선조의 말에 동의하였다. 윤근수(尹根壽, 1537-1616)도 중국에는 엄숭을 제거하기 위하여 양계성(楊繼盛)이 세 번이나 상소하고, 왕숭무(王嵩武)가 차자(箚子)를 올려 잘못을 논박하다가 귀양가고, 추응룡은 아뢰다가 축출 당하였으나 우리나라는 그러한 직언을 하는 사람이 없다고 역시 선조의 말에 동조하였다.

고봉도 대부분 선조의 말을 인정하고 있다. 그러나 점필재의 「조의제강중문」(弔義帝江中文)의 예를 들어 우리나라에도 중국과 같은 직언을 하는 사람이 없는 것이 아니라고 하였다. 윤원형이 무도한 권병을 휘두르니 이기(李芑), 허자(許磁), 임백령(林百齡), 정순붕(鄭順朋)이 부화뇌동(附和雷同)하여 갖가지의 옥사를 일으켜 선류(善類)를 많이 죽였는데 이것이 을사사화이다. 이 때 송암 유관(松庵 柳灌, 1484-1545)과 정수 유인숙(靜叟 柳仁淑, 1485-1545)이 정도를 지켜가며 흔들리지 않았는데, 결국은 재앙을 당하고 말았다. 이들이 사풍(士風)을 진작한 작용을 하였다고 보고 있다. 윤원형이 전횡하던 때, 그들의 뜻에 거슬린다고 하여 참봉 성우(成遇), 전라도 유생 안서순(安瑞順), 송인수(宋麟壽) 등을 희생시켰고, 명종 때 박순(朴淳), 박근원(朴謹元)을 파직하여 축출하였다. 이러한 일련의 사건들이 직언의 대표적인 예라고 하였다.

중용(中庸)이란 군자는 후대하고 소인은 박대하는 것을 말하며, 똑

같이 대하는 것이 중용이 아니라고 하는 것을 보면 중용이 중간이 아니라 가치적 정점이라는 것을 지칭한다. 송(宋)의 부필(富弼)의 말에 따라 임금이란 업무가 따로 있는 것이 아니라 군자와 소인을 분별하는 것뿐이라고 보았다. 즉 인사정책을 말한다. 또 당 육지(唐 陸贄)의 구폐(九弊)를 보면, 윗사람에 해당되는 여섯 가지의 폐단은 ① 남 이기기를 좋아함 ② 과실을 듣기를 부끄러워 함 ③ 구변을 구사함 ④ 총명을 자랑함 ⑤ 위엄을 강조함 ⑥ 강퍅하게 고집 부리는 것이며, 아랫사람에 해당되는 세 가지의 폐단은 ① 아첨함 ② 이리저리 좌우를 돌아봄 ③ 두려워하고 연약한 것이다. 이 아홉 가지는 파생적인 폐단으로 곧은 마음(直心)을 가지지 않기 때문에 생기는 비행(非行)이다. 직언과 직행(直行)은 그만큼 정치의 수단에서 중요한 위치를 차지하고 있다

셋째, 국가 재정의 문제이다. 제16강(1568, 선조 1년 12월 19일)에서 백성에게 피해를 끼치면서까지 세금을 거두어 들여서는 안된다는 전교를 위민사상의 한 계책으로 여겼다. 백성에게서 세금을 과다하게 징수하는 것은 결국 국가의 근본이 먼저 피폐된다는 것을 전제해야 한다. 양식이란 백성이 하늘인 것을 알아 정사에 조금도 게을리 해서는 안된다고 본다. 관의 재정이 궁핍하다고 해서 항상 거두어들이는 것만이 능사가 아니라는 것이다. 고봉은 방납(防納)의 폐단을 예로 들어 개선해야 한다고 주장한다. 방납의 폐단을 구제하는 데는 먼저 관원들 가운데 필요 없고 강직하지 못한 사람부터 도태시켜야 한다고 그 개선책을 말한다. 재물을 풍족히 하는 것은 정치하는 중요한 관건이 된다.

제9강(1567년 12월 9일)에서도 취렴(聚斂)하는 신하는 기르지 말아

야 함을 강조한다. 도신(盜臣)은 국가의 재물을 도둑질하는 신하이며, 취렴하는 신하는 백성이 먹고 살 것을 국가에 귀속시키는 신하라고 함으로써, 백성의 고혈을 짜내는 신하는 있을 수 없음을 분명히 한다. 취렴하여 백성을 위하여 쓰는 것은 그래도 양호하지만 윗사람의 사치를 위하여 쓰여지게 된다면 취렴이 바로 백성을 못살게 구는 역할을 할뿐이다. 자기의 이익을 위한 욕심이 아니라 백성의 안정을 위한 욕심이면 상관할 것이 없지만, 취렴하는 신하를 등용한다면 재물을 많이 얻지도 못하면서 민심을 모두 잃게 된다고 하였다. 고봉은 다음과 같이 말한다.

> 재물이 있어야 생활할 수 있기 때문에 성인들이 중하게 여긴 것입니다. 옛사람의 말에 '먹는 것은 백성들의 하늘이 된다.'라고 하였고, 『역』에서는 '무엇으로 백성을 모으는가 하면 재물이다.'라고 하였다. 사람의 생리는 반드시 음식을 먹어야 살 수 있는 것이니, 하루도 재물이 없어서는 안된다. 다만 재물을 위주로 하면 이욕(利欲)이 생겨나서 분쟁이 일어나기 때문에 '덕은 근본이요 재물은 말단이다.'라고 한 것이다. 백성이 편안한 뒤에 국가가 다스려지는 것이니, 백성들이 풍족하다면 군주가 어찌 홀로 풍족하지 못하겠는가?

경제적인 최저생계가 유지되는 곳에서 예의가 확보되기 마련이다. 예의염치(禮義廉恥)와 선을 행하는 마음은 모두 경제적인 확고한 기반이 요구된다. 맹자도 왕도(王道)의 시작이 '산 사람을 모시고 죽은 사람을 장례를 모실 수 있는' 최저 생계수단을 전제로 하고 있다. 농사철을 빼앗지 않으면 충분한 곡식을 얻을 수 있고, 제때에 산림을 손질하면 많은 재목을 얻을 수 있을 것이다.

생활의 기본 수단은 재물이기에 재물을 중하게 여기는 것은 성인이나 범인이나를 가릴 것이 없다. 백성들이 가장 중시하는 가치는 먹는 것이다. 경제적인 밑바탕이 되어 있지 않는 왕도는 허구에 불과하다. 고봉은 성리학적 이기론에만 치중하는 것이 아니고 경제문제에도 큰 비중을 두는 실학적 사고의 선구자적인 위치에 있다. 여민동락(與民同樂)이라고 한 것과 같이 백성의 편안함은 군주의 편안함이며, 백성의 물질적 풍요는 군주의 풍요이다.

고봉의 경세사상의 기본적인 내용으로 ① 군권(君權)으로 인군의 입지(立志), 적절한 인재등용과 관료에 의한 책임정치의 구현, ② 신하의 곧은 상소와 곧은 행동, ③ 국가재정을 비롯한 경제적인 생계수단에 대하여 그 대강의 줄거리를 제시하였다. 그러나 고봉의 경세사상 가운데는 ① 인서(仁恕)에 의한 정치, 즉 왕도정치의 구현, ② 신진사류가 근거로 하였던 『소학』에 대한 재평가와 그 정치적 적용 ③ 군주의 위엄을 강조하는 통치자세, ④ 옥사(獄事)의 공평한 처리 ⑤ 거경궁리(居敬窮理)에 의한 내면적 수양과 시비의 철저한 의논, ⑥ 예치주의(禮治主義) ⑦ 언로(言路)의 통창(通暢) ⑧ 군자와 소인의 변별 ⑨ 국가의 기강과 개혁 등 여러 항목에 걸쳐 경세에 관하여 논의하고 있다.

6) 교육사상(敎育思想)

「광주향교중수기」(1563, 명종 13년)에 의하면, 고봉은 학교가 흥성해야 인륜이 제대로 밝혀지고 인륜이 밝혀지지 않으면 국가가 의지하여 발전할 수 없다고 한다. 학교란 무엇인가? 인륜을 밝히는 곳이다. 명륜당(明倫堂)도 인륜을 밝히는 곳이다. 국가가 유지·발전되는 것도 교육에 달려있는데, 이것은 고금을 막론하고 동일하다. 그렇다면 왜 도(道)가 제대로 행해지지 않고 현실세계는 이토록 황폐하여 사람노릇을 하지 못하는 것인가? 그는 이렇게 그 원인에 대하여 언명한다.

> 도(道)가 제대로 행해지지 못하고 밝혀지지 못하는 것은, 지우(知愚), 현불초(賢不肖), 과불급(過不及)에 기인한다고 본다. 이것은 성인께서 참으로 이미 말하였는데, 지금 이것을 가지고 징험해 보면, 세상에 이른바 어질고 지혜로운 사람은 대부분 학교를 일으키고 사람을 가르치는 방법에 급급하지 않으며, 어리석고 불초한 사람은 이것을 전부 폐지하려 한다.

제4강에 의하면, 『소학』을 읽어 그 본원을 함양하고, 『대학』을 읽어 격물치지 공부를 한다고 그 차례를 말한다. 이 차례를 따르지 않으면 격물공부를 할 수 없는 것은 당연한 일이라고 본다. 『소학』은 수신서이다. 삼강오륜에 관한 것이 대부분을 차지하고 있으니, 이를 통하여 수양, 수신의 지침으로 삼아야 할 것이다. 어린아이가 읽는 것이 『소학』이 아님을 강조한다. 비록 성인이 되어도 아직 수양이 완성된 단계가 아니니 이 책을 기본으로 해야 하는 것이다. 그러나 이때, 4대사화를 거치는 동안 젊은 지식인들이 무수히 희생이 되었다. 원래 이 책은 원나라에서 중시되던 것이 여말에 우리나라에 본격적으로 전래되면서 한훤당 김굉필과 같은 학자가 스스로 '소학동자'라고 할만큼 중요한 위치를 차지하였다. 신진들의 주장은 옳았고 그의 행동도 옳았다. 그러나 결국은 실각되어 정계에서 아주 은퇴하는 사람이 많았다. 그렇다면 『소학』교육을 다시 강조해야 하는가 하는 문제가 선뜻 제기된다.

7) 예학사상(禮學思想)

『논사록』 제5강(1567, 선조 원년 11월 4일 석강)에서, 고봉은 주자의 말을 인용하여 예란 천리의 절문(節文)이며 인사의 의칙(儀則)이며 이것은 '천명지성'에서 나왔다고 하여 전통적인 성리학적인 예론을 고수하고 있다. 예법은 만든 사람은 성인이지만 범인도 이를 어길 수 없다.

고봉은 예서(禮書)를 갖추고 있지 못한 실정 때문에 일반 사람들이 예에 관해서 모르고 있는 것이라고 보고, 예서의 출판을 기대하였다. 그러나 당시 통행하는 것은 대표적인 것이 『가례』인데 이것을 아는 사람이 적고, 『예기』가 통용되고 있으나 분서갱유 이후에 주어 모은 것이기에 확실치 못한 점이 많다고 인정한다. 그러나 고봉이 믿을만한 것은 오직 『의례』라고 생각한다. 이 책은 읽기가 쉽지 않지만 그래도 비교적 잘 갖추어진 책이라고 본다. 주자는 영종 초년에 『의례』 『주례』 『예기』의 「삼례」를 편수할 것을 말한 적이 있는데, 그가 『의례경전통해』(儀禮經傳通解)를 짓기 시작하였으나 마치지 못하고 제자 황간(黃幹)이 완성시켰다. 그러나 고봉은 이 책을 보지 못한 것이 분명하다. 이것과는 다른 『의례경전』 10권본이 있어 중국에 가는 사람들이 구입해 가지고 오지만 만족할만한 것은 되지 못하였다. 고봉은 홍문관의 도서목록을 보고 드디어 거기에 『의례경전통해』 40권본이 있는 것을 알고 출판할 것을 기대하였다.

선조는 사친(私親)의 상중에 들어와 대통을 이었는데, 대신이 아뢰어 사친에게 치제까지 한 일이 있었다. 고봉은 군주의 초상에는 종묘의 제사도 일시 폐지하는 것인데 하물며 국상 중에 사친에게 치제한 것은 예에 벗어난다고 말한다. 이미 지나가 일이지만 시비를 분명히 하고 지나가자는 것이었다.

중국의 예를 든다면 송 인종이 후계자가 없어 종형인 복안의왕(濮安懿王)의 아들을 후사로 삼았는데 이 사람이 영종이었다. 친어버지인 복왕을 높이는 전례에 관하여 의견이 신하들 가운데 분분하자 영종은 잠시 보류시켰다. 사마광(司馬光)과 왕규(王珪)는 정론을 주장하였고, 한기(韓琦)와 구양수(歐陽修)는 그릇된 주장을 하였다. 정이천(程伊川)은 팽사영(彭思永)을 대신한 상소문에서 '황백부 복국대왕'(皇伯父 濮國大王)이라고 해야 옳다고 하였다. 이것은 왕통(국통)을 중시하는 주장이다. 황백부는 백부라는 말이다. 황(皇)은 크다는 뜻으로 원나라 때까지 누구나를 막론하고 썼으나 나중에 현(顯)자로 바꾸게 되었다. 고봉은 명분을 바로잡는 것이 무엇보다도 예를 지키는 것으로 이해하고 있다.

정묘년(1567, 명종 22년, 고봉 41세) 6월 28일 명종이 훙거(薨去)하였다. 정원에서는 예법을 상고하여 공의전(恭懿殿, 仁宗妃 仁聖王后 朴氏)의 복제를 정해야 했다. 퇴계는 당시 서울에 머물러 있었는데, 형수와 시숙 사이는 예법에 복(服)이 없음을 들어 복을 입을 필요가 없다고 하였다. 고봉이 당시 원접사 종사관으로 조정에 늦게 도착하여 그 의견에 반대하였다. 인종은 한 나라의 인군이었고, 선조는 외부에서 들어와 임금이 된 사람으로 반드시 복이 입어야 한다고 주장하였다. 퇴계가 이 말을 듣고 "기명언(고봉)이 아니었다면 천고의 죄인이 됨을 면치 못하였을 것이다."라고 하면서 자기의 지론을 고쳤다. 정축년(1577, 선조 10년) 공의전의 상사 때 선조는 외부에서 들어와 임금이 된 사람의 복제인 기년복(朞年服)을 입게 되었다.

고봉은 특히 예학에 밝아 현실적인 문제 해결에 지도적인 역할을 하였음은 물론 예의 근본원리에 대해서도 잘 이해하고 있었다. 예학에 대한 단독적인 주석서가 없다고 하지만 증거와 논거를 이끌어 오는데는 아주 능수능란하였다. 그의 예학은 현실적인 것이지만 논리가 정연하여 유림의 세계에 오뚝하게 서 있다.

8) 문학사상(文學思想)

현주 조찬한은 『고봉 선생문집』의 「발문」에서 고봉의 문학세계에 대하여 개괄적인 기술을 하고 있다. ① 고봉의 학문이란 말단의 학문이 아니고 지행병진의 실제적인 학문이라는 것이다. ② 학문은 견문을 따라 축적되었고 정자와 주자의 학문을 스스로의 학문적 터전으로 여겼다고 본다. ③ 문장학에 대해서는 근본적인 것으로 여기지 않고 여사(餘事)로 여겼으나 그 문학은 크고 깊으며 우아하고 건장함에서 나왔다고 한다. 구체적으로 문학세계를 보면 (1) 장시(長詩)는 한퇴지에 가깝고, (2) 단편은 도연명에 가깝고, (3) 변론은 구양수와 한퇴지와 동일하다고 하였다. ④ 예학에 밝고 역사에 박람(博覽)하였으며, 그 역사적 증거주의는 독자적이라고 평하고 있다.

위에 열거한 선도적인 시인은 정자, 주자, 도연명, 구양수 등으로 한정되어 있으나 실제에 있어서는 소동파, 염락(濂洛)을 모범으로 삼고 있으며, 김시습의 탈속의 시풍을 대단히 즐겼다. 그는 도학과 그

것을 뛰어넘은 호방한 세계에 그의 시세계가 있음을 볼 수 있다.

임간(林間)을 오가며 시를 지을 때 교유한 사람은 송순, 임억령, 김성원, 백광훈 등 당대의 걸출한 시인들이며 원기(圓機), 성묵(性默), 각후(覺後), 성감(性鑑) 등 시승(詩僧)과의 교유가 있었다. 고봉은 무등산을 중심으로 하는 누정(樓亭)과 그가 지은 낙암과 백운정에서 많은 학자와 시인을 접하게 되었다.

그의 시정신(詩精神)은 ① 자연세계의 법칙성과 인간 내심의 오묘함을 이해하고, ② 이일분수적 사고를 통한 자연과 인간의 합일을 구하고자 하였으며, ③ 현실을 초월한 탈속적인 세계와의 접촉을 통하여 현실적인 진실한 가치를 파악하고자 한 것이다.

첫째, 천지의 도는 자연 그대로이고 만물의 도는 자강불식하는 성(誠)의 법칙이다. 자연이나 인간의 법칙성은 결국은 하나일 뿐이다. 성(誠)의 측면에서 존재적인 면에서는 성(誠) 그 자체이며 인간이란 그러한 성실을 실천하는 주체이다. 이러 의미에서 양자는 각기 그 존재이유를 가지고 있다. 자연은 무엇인가. 사시사철 아무런 어긋남이 없이 변화하는데 그것은 반드시 법칙을 가지고 있다. 자연은 자강불식하는 영속성에서 그 특징을 찾아볼 수 있다.

자연과 인간은 그 자체가 바로 주체적 의미를 지닌다. 하나의 관계성을 지니기 이전에 주체가 성립되어야 한다. 자연은 어떤 것인가. 자연은 자연의 길이 있고 인간은 인간이 가야 할 길이 있다. 원리적인 면에서는 그것이 둘이 아니다. 그러나 각기 그 독자성을 지니고 있다. 인간의 주체성은 무엇인가? 고봉은 다음과 같이 인간의 마음과 그 기능에 대하여 말하고 있다.

귀를 막으면 우뢰소리가 어찌 들리리요.	塞聽豈聞雷오.
눈을 가리면 번개에도 놀라지 않는다.	閉明不駭電이라.
모든 오묘하게 변화하는 내마음,	萬化妙一心이니,
지극한 이치 구석마다 갖추었다.	至理具面面이라.
시냇가의 잡풀도 제수에 쓰고,	溪毛斯爲羞오,
길가의 고인물도 제수로 바칠 수 있다.	行潦或可薦이라.
생각하면 거의 알 수 있겠지만,	思之庶有會이나,
그 조화가 묘연하여 책을 덮는다.	渺然且掩卷이라.

마음이 없다면 무엇이 들리고 무엇을 들을 수 있겠는가? 인간의 주체성은 대상을 보는 발판이 된다. 마음이란 모든 오묘한 변화를 갖추고 있는 보고(寶庫)이다. 또 사람도 물론 자연의 일부라고 하지만 자연으로 그치는 것이 아니다. 바로 주체성을 가지고 있는 자연이다. 자연과 만날 수 있는 것도 이러한 인간의 주체성이 결여되어 있을 때는 가능한 것은 아니다. 그 내면적 주체성을 성경(誠敬)이라고 해도 좋을 것이다. 또 자연의 법칙성인 이치에 대응되는 인간의 법칙성 즉 윤리적 규범으로서의 이치를 말한다고 봐도 좋을 것이다.

둘째, 사람은 자연 가운데서 살아가는 존재이다. 자연은 그 자체로서의 가치도 중요하지만 인간과의 관계 속에서 진정한 의미를 지닌다. 물아일여(物我一如)의 사상은 이미 『서명』(西銘)에서 체계화되었다. 이일분수(理一分殊)가 바로 그것이다. 고봉은 「유거잡영 1」(幽居雜詠一)에서 자연과 인간의 혼연일체를 이렇게 읊고 있다.

조그만 오두막이지만 깨끗하고 상쾌하며,	小堂淸且爽하며

꽃과 대나무 성긴 발 사이로 비추인다. 花竹暎疎簾이라.
흰 돌이 길을 따라 깔려 있고, 白石鋪開路하고
푸른 소나무 잘라서 처마를 받쳤다. 青松折補簷이라.
책상 위에 향기로운 가을 국화의 내음, 榻香霜菊動하니,
술 익었단 말을 듣고 한잔 더한다. 耳熟酒杯添이라.
술 취하니 시정(詩情)이 일어나, 醉後詩情發하야,
미친듯이 읊지만 붓은 나가지 않는다. 狂吟筆退尖이라.

자연과 인간은 시로써 표현할 수 없는 지경에 이른다. 자연에 그치지 않고 술과 시가 같이 개재된 상황이지만 내마음도 자연세계도 읊어 내기에는 자연은 너무 정연하고 시인의 마음은 너무 섬세하다. 술, 시인, 자연은 서로 제 갈길을 가는 것 같지만 혼연일체되어 하나가 되어 여유가 없다.

셋째, 탈속적 위치에서 현실적 가치를 재음미 하는 것은 고봉의 시정신의 중요한 특징의 하나이다. 고봉은 현실초월의 경지를 「임류정공삼화운복차지」(臨流亭公森和韻復次之)에서 이렇게 읊고 있다.

소나무 끝에 맑은 달이 유유히 떠오르고, 松梢淸月上悠悠하고
냇가에 술잔 잡고 모든 시름 떨궈낸다. 把酒臨流散百憂라.
인간세상 얼마나 영화롭고 초췌한가. 人世幾看榮又悴오.
술 취하니 인생이 덧없음을 알겠노라. 醉中渾覺此生浮라.

고봉은 인간생활의 영욕을 함께 느낀다. 또 인생의 덧없음도 알게 되었다. 그러나 현실생활로 내려오면 영욕만도 아니며 덧없는 것만도 아니다. 그는 탈속의 경지에서 현실을 바라보는 여유를 가

진다. 산사와 깊숙한 암자를 찾아 자연을 완미하고 현실을 초월하는 마음을 가지는 경우가 많았다. 그러나 그의 시정신은 현실을 일탈한 것은 아니다.

고봉은 경전에서부터 시작하여 한퇴지의 글, 『고문진보』, 『문선』을 읽었으며, 시부(詩賦)와 사륙문(四六文)도 연습하였다. 시작(詩作)에 있어서는 차운(次韻) 의운(依韻) 용운(用韻)의 세 가지 방법에서 차운이 가장 많다. 용산 정즐에게서 문장을 작법에 대하여 많은 지도를 받았다. 그의 문학세계는 성리학적 세계와 중국 시인의 풍모와 더불어 독자적인 초월의 경지를 스스로 일궈 낸 공로를 인정할 수 있다.

6. 고봉의 유적을 찾아서

1) 너브실(廣谷, 또는 너부실)

광주·장성간 도로는 넓지 않은 논밭 사이를 뚫고 너브실 앞을 지난다. '묘산도'(墓山圖)를 보면 '백우산'(白牛山)이 뒤에 병풍처럼 둘러 있고, 청량산(淸凉山)이 멀리서 이곳을 호위하고 있는 지형이다. 1982년에 출간된 『행주기씨대동보』 「문헌공묘산도」에는 「빙월당」(氷月堂)과 「월봉서원」이 '너브실'에 같이 표기되어 있다. 1994년 광주광역시로 편입되기 이전에는 전라남도 광산군 임곡면 광산리(林谷面 光山里) 땅이었다. 황룡강(黃龍江)의 동편에 위치한 곳으로 백우산까지의 주변이 모두 광산동이다. 동쪽은 산이며 서쪽은 황룡강에 연접되어 있다. 황룡강의 서쪽은 장성 동화면(東化面)과 경계하고 있는 '오산동'(烏山洞)이다. 이 광산동을 중심으로 하여 「월봉서원」, 「칠송정」, 고봉의 묘소, 「빙월당」, 함재공 묘소 등이 산재되어 있다. 황룡강을 경계로 하여 동쪽으로 임곡역 쪽이 바로 임곡동이다. 서쪽으로는 역시 동화면과 경계하고 있는 '사호동'(沙湖洞)이다.

2) 빙월당(氷月堂)

현재 월봉서원의 강당으로 사용되고 있다. 1979년 묘각, 묘역, 유허비와 함께 전라남도 지방문화재 38호로 지정되었고, 장판각에는 「논사록」, 「왕복서」에 관한 474매의 장판이 보관되어 있다. 빙월당(氷月堂)은 광주기념물 제9호, 목판은 광주 유형문화재 제19호, 고봉 선생 종가의 문적(文籍)은 제22호로 지정되어 있다. 장판각(藏板閣)은 빙월당의 오른쪽에 있는 건물로 주로 판각(板刻)과 액자와 족자가 보관되어 있다. 유영루(游泳樓)는 옛 월봉서원 외삼문(外三門)의 현판으로 행·초서로 되어 있는데 글씨가 단아하고 '명성재(明誠齋)', '존성재(存省齋)', '충신당'(忠信堂; 강당)은 동춘당 송준길(同春堂 宋浚吉)이 쓴 것이고, '월봉서원강당(月峯書院講堂)'이라는 6대자(六大字)는 화천 이산뢰(華泉 李山賚)가 쓴 것이다. 외삼문 앞에 서 있는 표지판에는 다음과 같이 쓰여 있다.

氷 月 堂

광주기념물 제9호
소재: 광주광역시 광산구 광산동

이곳은 조선중기의 성리학자 高峯 奇大升선생을 配享하고 있는 祠宇이다.

선생은 林谷 新龍洞에서 태어나 獨學으로 古今에 通達하고 學問이 높았으며, 官界에 나가 대소 관직을 거쳐 大司諫까지 歷任하였다. 특히 스승인 退溪 李滉과 四七理氣論을 주제로 한 8년간에 걸친 편지 왕복논쟁은 유명하다.

氷月堂(講堂)은 선생의 장자인 奇孝曾이 선생의 위업을 추모하기 위하여 宣祖 40년(1607)에 지었는데, 1938년 후손과 儒林이 改修하면서 현위치에 옮겨 놓았다. 正祖가 선생을「氷心雪月」같다고 하여 '氷月堂'이라 賜額하였다.

1979년 藏板閣과 외삼문, 그리고 1980년 사당을, 1981년에 내삼문을 각각 지었다.

선생의 遺集인『高峯文集』15권과 板刻이 所藏되어 있다.

3) 출생지 : 용동(龍洞)

정해년(1527, 중종 22년) 11월 18일 광주 소고룡리 송현동(召古龍里 松峴洞, 현재 新龍里 龍洞마을)에서 출생하였다. 이 지역은 원래 임곡면에 소속되었다가, 광산군이 광주직할시로 승격되면서 광산군 신용동으로 편입되었다. 속칭 '낡은 터' 또는 금정동으로 명칭되어 왔다. 이 금정동은 물재공 기진(1487-1555)이 최초로 광주에 내려와 거주하였던 곳으로 광주 서북 40리 지점 고룡향(古龍鄕), 금정동(金井洞)이다. 「기부군묘기」(奇府君墓記)에 의하면, "집은 광주의 서북쪽 40리쯤 되는 곳이었으니, 지방이름은 고룡(古龍)이라고 하였고, 동네 이름은 금정(金井)이라고 하였다."라고 기록되어 있다.

빙월당에서 임곡을 지나 광주 쪽으로 가다보면 길가에 자연석으로 세워진 신용동(新龍洞) 표지판이 있다. 「광산구 신룡동 신촌마을 1.5Km」라고 전봇대 옆 철제표지판이 서 있다. 한참 올라가다가 오른쪽으로 돌아 언덕 같은 야트막한 산이 뻗어 있다. 채전(菜田) 가운데로 보호담장에 둘러쌓인 용머리 비석이 있다. 이 비석 전면에 「덕성군물재기공유허비」(德城君勿齋奇公遺墟碑)라고 쓰여 있다. 이곳이 금정(金井)이다. 광주 서쪽 40여리 고룡향(古龍鄕, 召古龍面) 금정동(金井洞)이다. 이 소고룡리에 물재공 기진이 들어와 살면서 '신촌마을'이라고 하였다. 『광산마을사』(광주문화원, 1990)에 의하면, 이곳이 바로 고봉의 출생지이다. 그 위치도 현재의 신촌에 해당되며, 이 신촌은 지금은 탑골 들어가 입구에 해당된다. 위의 전거를 보면 분명 신촌은 현재의 신촌과 같은 지명을 말한다. 물재공 묘소의 앞에 물재공이 살았던 곳이라면 그가 처음 터를 잡은 곳은 현재의 신촌이라기보다는 용동에 해당된다. 물재공의 훈도장소인 오남재(吾南齋)가 있는 마을이 바로 물재공이 서울에서 내려와 처음 거처하던 마을이다. 이곳은 원래 장수황씨가 터를 잡고 살았으나 물재공이 이주하면서부터 신촌마을이라고 불렀다고 한다. 그러나 그 사실여부에 대해서는 더 고찰해야 할 문제이다. 소고룡리는 좀더 넓은 동네를 지칭하고, 금정동은 원래 「낡은 터」 또는 「금정동」으로 불려 왔다. 왜정치하에서부터 여기를 용동(龍洞)으로 개칭하여 부르게 되었다. 이곳은 물재공이 처음 광주에 내려와 살았던 곳이기 때문에 고봉 선생이 어렸을 때 거주한 곳이기도 하다. 위치로 보면 물재공의 묘소의 앞, 아랫쪽에 해당된다. 「고봉연보」 29세조에 "정월에 물재공의 상을 당하였는데, 3월에 집 뒤 경좌(庚坐)에 장례를 모셨다"라고 되어 있다. 지금은 아쉽게도 폐허가 되어 집의 흔적은 보이지 않고 다만 그 아랫쪽 오남재가 세워져 서울에서 내려온 물재공의 뜻을 그대로 나타내 주고 있다. 물재공이 살았다는 곳은 바로 이 유허비가 세워진 곳이라고 한다. 유허비는 야트막한 산등성이에 세워져 있다.

4) 고봉의 묘소(墓所)

1573년 2월 8일 안장, 백우산(白牛山) 중턱에 묻혀 있다. 위치로 보면 나주군 소재지의 북쪽 오산리 통현산 광곡(烏山里 通峴山 廣谷,너브실) 묘좌유향(卯坐酉向)이다. 이 곳은 빙월당의 서북쪽 150여 미터에 위치하고 있었다. 그리 높지 않은 언덕에 두 봉분이 있었다. 우리가 바라보는 쪽에서 보면 왼쪽이 고봉 선생이며 오른쪽의 봉분은 정부인 함풍이씨(貞夫人 咸豊李氏)의 묘이다. 작고하기 일년 전인 1571년 45세 2월 가묘에 시사(時祀)하고, 저녁 무렵 귀전암을 보기로 하였다. 이 때 아들 효증(孝曾), 김경생(金景生), 이운홍(李運鴻), 곽호(郭顥)가 따라왔다. 산중턱에 이르러, 효증을 불러 한 곳을 지적하면서, "사람의 일이란 알 수 없는 것이다. 훗날 내가 죽거든 이곳에 장사지내도록 하라."라고 일러주었다. 이 유언이 바로 고봉의 묘소가 여기에 위치하게 된 연유이다. 이 곳은 절손이 되는 곳인데 하필이면 여기에 묘소를 쓰려고 하느냐는 질문에 "형제의 자손이 나의 자손이 아니겠는가!" 하고 같은 자손이면 양자도 상관없다는 의향을 보였다.

고봉 선생 신도비(神道碑) 건립을 미루어 오던 중 광주향교(光州鄕校) 주관으로 조순(趙淳 : 부총리겸 경제기획원장관, 서울특별시장 역임)박사가 찬(撰)한 신도비와 번역비를 선생의 묘소 가는길 월봉서원 앞에 2004년 6월 8일 건립 하였다.

처음 고산 임헌회(鼓山 任憲晦)가 찬한 신도비문이 있었으나 비문체제(碑文体制)가 맞지 않아 유림들의 뜻에 따라 건립 하지 못하고 문중 결의로 14대중손 근암공(謹菴 : 諱堯錫)과 화석공(華石 : 諱益燮)이 1917년(丁巳) 8월 7일 비문을 환납(還納) 하였다.

5) 귀전암(歸全庵)

「연보」에 의하면, 이 귀전암(歸全庵)은 청량산(淸凉峯) 아래 학문에 전념하기 위하여 건립하고 「귀전암」('몸을 온전히 보전한다')이라고 현판을 붙였다.(「연보」 45세조) 지역상으로는 나주 오산리(현재 광주광역시 광산구 광산동)이다.

『논어』「태백」에 보면 증자가 제자에게 말하기를 '내 손발을 살펴보라. 『시경』에 전전긍긍하며 깊은 연못이나 엷은 얼음을 밟는 듯하다는 말이 있는데 내 이제 신체에 손상을 주는 잘못을 면하였구나!' 라고 하였다. 증자는 전전긍긍하면서 신체에 손상을 주지 않는 효도에 대한 자부심을 가지고 있다. 주자의 주석에 보면 '증자는 온전한 몸으로 일생을 바치고 돌아감으로써 부모에게 불효의 죄를 면하였다 하였기에'(曾子 以全歸爲免矣), '부모가 온전히 나으심에 자식이 온전히 돌아간다.'(父母全而生之 子全而歸之)라고 풀이하고 있다. 결국 「귀전」은 자기의 몸을 보전하면서 효도에 임하는 자세를 뜻한다. 고봉이 이말을 중시한 것은 벼슬을 그만두고 고향으로 돌아와 효도를 위하여 자기의 몸을 온전히 한다는 의미가 숨어 있는 것이 아닌가? 귀전암은 그의 학문과 수양이 깃들인 곳이리라. 빙월당의 왼쪽 방에 '귀전유훈'(歸全遺訓)이라는 액자가 걸려있는 것은 이를 말하는 것이다. 이웃에는 승려의 암자가(능선을 넘어서 건너편, 흔적만 남아 있다.) 있었다고 구전되지만 그것도 지금은 흔적을 찾을 길 없다. 우거진 수림(樹林)과 대낫에도 어둑한 숲속의 정취를 느낄 정도이다. 특히 오른쪽 언덕에 그림처럼 자란 소나무의 자태는 고고한 선인(仙人)을 연상케 한다. 『춘담문집』(권8, 54쪽)에 보이는 「귀전암유허기」(歸全庵遺墟記)를 보면 아래와 같이 암자에 대한 개략적인 상황을 짐작할 수 있다.

> 귀전(歸全)은 선조 문헌공 고봉 선생(文憲公 高峯先生)이 학업을 강론하던 곳이다. 증자(曾子)가 말한 '부모가 온전히 낳으심에 자식이 온전히 돌아간다.'라는 한마디 말로써, 천년이 지난 뒤에도 마음을 수련하는 법도를 잘 알겠다. 생각건대 이 암자(庵子)에서 선생이 말한 것은 증자의 말(所道)이며, 온전한 것은 증자의 온전함이라. 증자도 암자가 있었던가? 암자가 있지는 않았어도 암자의 기업(基業), 문호(門戶), 간가(間架)는 '세 번 반성하는 때'(三省之時) 얻었고, 닦고 다스린 것은 '네라고 대답하는 날'(曰唯之日)에 얻었으니, 이렇게 말함으로써 후학을 가르쳤다. 가령 암자라고 한다면, 증자의 암자는 천하만고의 암자이며, 선생의 암자는 귀전(歸全) 두 글자를 분명히 제시하였으니, 기초작업, 출입구, 공간구조는 완연히 증자로부터 얻

> 없다. 증자는 말(言)에로의 귀전이며 선생은 암자로의 귀전이니, 말(言)은 경문(經文)으로 비유하고 암자는 주석으로 비유한다. 선생 이전에 증자가 계발(啓發)하고, 증자 뒤에 선생이 해석하시니 증자의 말을 배우고자 하는 사람은 선생의 암자를 관건으로 삼지 않을 수 없다. 아! 후손이 불초(不肖)하고 유림이 부진(不振)하여 주초(柱礎)가 묻히고 초목이 우거져 무성하며 모질게도 폐치(廢置)되었으나, 다만 대나무는 겨울에도 푸르고 간수(澗水)는 돌에 부딪쳐 흐르니, 요(堯)의 갱장(羹墻)을 보고 흥탄(興歎)한지 오래되었다. 무릇 후손된 사람은 각기 그 온전함을 다하고 그 터를 버리지 않는다면 귀전당(歸全堂)을 지어 중건한 날이 없어도 걱정할 것이 없으나, 언젠가는 그럴 사람이 나올 것이다. 나올 것이다. 유허(遺墟)는 백우산(白牛山) 중턱에 있어, 조망이 빼어나고 수석(水石)이 빛난다. 빼어나고 빛나 유풍(遺風)이 그지없으리라.

여기에서 본다면 춘담공도 귀전암의 건물은 보지 못하였고, 증자의 귀전에서 암자의 이름이 유래한 것을 알 수 있다. 지금도 대나무가 우거져 무성한데 당시에도 푸른 대나무가 울창하였음을 추측하기에 충분하며, 그도 훗날 어떤 후손이 나타나 귀전암을 복원해 줄 것을 고대한 사실을 알 수 있다.

6) 두말(두동, 斗洞)

현재 두말(斗洞)은 물재공 묘소가 있는 곳에서 마주보이는 곳에 위치하며, 행정구역상으로는 광주광역시 광산구 두정동이다. 지금은 30여 호(戶)의 민가가 있는데, 마을 입구 왼쪽에 집터가 있다. 문헌공

15대 종손 기영환옹의 증언에 의하면 9~10대 내려올 때까지 여기에서 살았다고 한다. 집터의 후원에는 큰 은행나무 두 그루가 있다.

두동은 지형이 배(舟)의 형국을 하고 있으며, 그 때문에 우물을 파면 망한다는 전설이 있어 「디름골」에 우물 하나만을 파서 식수로 사용하였다. 그 당시 밧줄을 매는 돌이 두개가 있었는데 하나는 없어지고 지금은 하나만 남아있다고 한다. 고봉이 신접살이로 살았던 곳은 종중 소유의 밭으로 되여 있다. 상하 두 단의 밭 가운데 아랫단에 해당되는 밭이 곧 고봉 선생이 살았던 곳이라고 한다. 여기도 밭을 둘러싸고 있는 대나무가 우거져 있어 지세(地勢)로 보면, 이곳은 하나의 집터가 완연하였다. 두말에는 산 아래로부터 도로가 지나는 지점에 이르기까지 텃논이 계단식으로 되어 있는데 지금은 종중 소유로 되어 있다.

임곡동에서 광주쪽으로 위치한 것이 두말(斗亭洞)이다. 여기에 고봉이 심었다는 노거수(老巨樹)가 있다. 이 보호수는 품격은 구나무, 수종은 은행나무, 수령은 450년생, 고유번호는 5-4-3, 지정일자는 82. 12. 3., 나무높이는 12미터, 소재지는 광주광역시 광산구 두정동 산 82번지, 나무둘레는 4.2미터, 수폭은 16미터, 특기사항은 이 고장 성리학자(한학자) 고봉 기대승 선생이 향리에서 수학하면서 기념식수한 나무라고 표지판에 기록해 놓고 있다. 현재는 종중에서 관리하고 있으며, 수령의 연장을 위해 여러가지의 조치를 취하려는 계획을 가지고 있다.

고봉이 두말에 거주하면서 '백운정'(白雲亭)이라는 정자를 지었는데, 지금 그 정자는 소실되어 없어지고 그가 심은 은행나무가 고목이 되어 아직도 서 있다. 문인 이호민(李好閔)은 만장(挽章 제35)에서 다음과 같이 낙암과 백운정에 대하여 말하고 있다.

처량한 낙암 위의 달이,	凄凉樂庵月이,
오히려 백운정을 비추이라.	猶照白雲亭이라.
책 속에 그 자태 남았으니,	簡裏音容在하니,
아득하고 멀다고 말하지 마라.	休言隔杳冥하라.

또 제봉 고경명(霽峯 高敬命)은 백운정(白雲亭) 운(韻)을 써서 다음과 같이 학문적 연원과 지식인의 사명에 대하여 읊었다.

후인이 사숙을 하여,	異代人私淑
고정(주자)의 연원을 찾았네	淵源溯考亭
동방의 수기를 모았고,	靑丘鍾秀氣
남두의 문성이 둘렀네.	南斗繞文星
장포의 신세 시름이 깊었고,	愁深淹漳浦
높은 명성 조정을 진동했네.	名高動漢庭
창생의 소망이 이미 오래되어,	蒼生望已久
성상의 은총이 내렸네.	飛詔下天扃

'백운정에서 양사기(楊士奇)를 전별하는 싯구'를 보면, 이 정자는 '산밑의 외로운 정자', '석양이 머무는 높은 누대'라고 표현하고 있다. 그렇다면 이곳은 인적이 드문 땅으로 오뚝하게 높이 드리운 정자라고 볼 수 있다. 싯구의 내용으로 보면 여기에는 대나무와 국화가 많아 운치를 자아내는 아름다운 곳이라고 추정된다.

「덕성군묘산도」(德城君墓山圖)에 의하면 백운정은 두동으로 들어가는 입구의 왼쪽 산언저리에 표시되어 있다. 그 표기된 위치가 정확

하다면 노거수(老巨樹)인 두 은행나무가 서 있는 곳으로 추정된다. 주변의 경관도 집터와 어울리는 곳이다.

7) 낙암·동료·망천사(樂庵·東寮·望川祠)

고봉이 44세(1570) 때, 서울에서 내려와 5월 낙암을 지었다. 이 암자는 고마산(顧馬山, 또는 叩馬山) 남쪽에 있으며, 그 아래 동쪽에 몇 칸의 집을 지어 '동료'(東寮)라고 이름하였다. 낙암(樂庵)은 탑골로부터 300m 북쪽 산기슭에 있다. 뒷산과 좌우의 산으로 둘러싸인 곳에 위치하고 있으며 지금은 석축과 계단이 어지러이 남아 있을 뿐이다. 얼마간의 흔적은 1989년 7월 15일 광산, 장성 부근에 내린 집중호우로 인하여 산사태가 일어나 그 흔적이 씻겨 내려가 더욱 그 자취를 찾기가 어렵게 되어 있다.

「연보」에 보이는 바와 같이 퇴계가 고봉에게 보낸 편지 가운데 나오는 '가난할 수록 더욱 도를 즐겨야 한다.'(貧當益可樂)라는 말에서 유래한다. 고봉은 퇴계에게, 집 가까운 산기슭에 조그만 암자를 새로 짓고 한가하게 지내며 쉴 곳을 삼을까 하여 '낙'(樂)자로 현판을 걸었다고 전하였다. 퇴계는 기문(記文)과 액자도 써 주었다. 그러나 집에 가까운 산기슭이라고 하였으나 두동과 이 탑골(新村소속)과는 상당한 거리가 있다. 고봉은 「낙암에 거처하며 마음을 그리다」(寓樂庵書懷)라는 싯구에 그의 정념을 이렇게 읊고 있다.

학문이 잦아짐을 통곡하며,	痛哭斯文喪하며,
차가운 암자에 홀로 몸을 의지한다.	寒庵獨倚形이라.

눈 내린 창가에 마음은 울적하고,	雪牕心耿耿하고,
바람 부는 골짜기에 눈물만 흐른다.	風壑淚泠泠이라.
다시는 남겨진 실마리 찾을 길 없어,	無復尋遺緖하여,
부질없이 옛 책만 뒤적인다.	空餘抱古經이라.
언젠가 지하에서 논다면,	他年遊地下하면,
행여 영령(英靈)을 만날 수 있을는지.	儻得見英靈이런가.

「망천사」(望川祠)는 낙암에 창건한 사우이다. 서거하고 6년이 지난 선조 11년(1578) 고마봉 아래 낙암(현재 탑골, 신룡동 새말의 後麓)에 사당을 건립하고 위패를 봉안하였다. 1998년 6월 20일 「낙암기」(樂庵記)를 수비(竪碑)하기 위하여 옛터를 단장하는 도중에 낙암의 동남쪽에 완연한 형태의 집터가 발견되었다. 이곳이 바로 낙암 아래에 있다고 하는 망천사일 가능성이 높다. 사방 6미터 정도의 땅에 사방 5미터 정도의 사우(祠宇)이며 와당(瓦當)이 발견된 것으로 기와집이었을 것으로 추측되는데, 주춧돌이 놓인 형태로 봐서 서쪽을 향하여 출입문이 부착된 것으로 사료된다. 배우러 오는 사람들이 묵었다는 동료(東寮)의 구지(舊址)는 아직 발견되지는 않고 있으나 낙암과 망천사의 동남쪽에 있다고 봐야 할 것이다. 대나무 숲과 이 사우 사이에 낙암으로 통하는 좁은 계단의 길이 있는데, 이 길 바로 곁에 석유정(碩儒井)이 있는데 오죽(烏竹)과 천간(泉澗)이 어울어져 아름다운 조화를 이루고 있다. 상단에 있는 낙암터에서 앞에 보이는 전경을 바라보면, 황룡강의 물줄기가 교룡(蛟龍)처럼 눈앞을 지나가고 광활한 하늘과 땅이 끝없이 전개되고 있다.

「동료」, 「망천사」 「낙암」의 세 곳은 각기 어떤 관련이 있는 것인가? 「연보」 무인년(1578) 항목에 의하면, 호남 유생들이 낙암 아래 위패를 모시고 석채례(釋菜禮)를 행하였다는 바로 그 사당이 망천사(望川祠)이다. 이 사우가 창건될 때 황강 김계휘가 전라도 관찰사로 있으면서 많은 조력을 하였고, 강진의 언답 30여 석의 땅을 특별히 사우에 소속시켰다. 송강이 감사로 왔을 때 돌봐 준 적이 많았고 노비와 전토를 주었다. '망천사'의 이름은 송강의 제문에 보이고, 내용은 「서원문헌록」에 보인다. 아마도 황룡강이 바라보이는 곳에 건축했기 때문에 망천(望川)이라는 사우 이름을 붙인 것이 아닐까?

「동료」(東寮)는 망천사 아래 동편에 세워진 건물로 배우러 오는 제자들이 기숙할 수 있는 시설이 갖추어진 집(寮舍)로 친지나 방문객이 머무르는 곳이기도 하였다. 「망천사」도 역시 「낙암」 동남쪽에 세워진 사우로 고봉의 사후에 유림에 의해 건립되어 그의 학덕을 기리며 시사(時祀)를 하던 곳이다. 지금의 낙암터에는 두 단계로 된 석축이 남아 있어 낙암이 맨 윗쪽에 있고 그 아래에 사우인 망천사가 있으며, 그 동쪽에 '동료'가 있었던 것이 아닌가 추측된다. 낙암은 서실(書室)인데 여기에서 학문을 강마하고 시무(時務)를 논의한 곳이며, 손님이 올 경우에 이 낙암에서 묵는 것이 상례였다. 낙암터에는 무성한 수림이 우거진 가운데에서도 검은 대나무가 건실하게 자라고 있어 통유(通儒)의 체위를 느낄 수 있다.

새로 「낙암구지」(樂庵舊址)에 건립된 「낙암기」(樂庵記)를 옮겨 적어보면 아래와 같다.

> 낙암(樂庵)은 조선조 중기 문헌공(文憲公) 고봉 기대승선생(단기 3860~3905)께서 성리학을 강론하신 유허(遺墟)이다. 선생이 44세 되던 선조3년 경오년(3905) 5월에 낙암을 지으시고 그 아래 동편에 수간(數間)의 우사(寓舍)를 지어 찾아오는 학자들을 거처케 하고 이를

동료(東寮)라 하였다. 선생은 퇴계 이황선생에게 보낸 서찰에서 "家近山崖에 新築小庵하여 意爲栖遲之所하고 欲以樂字額之하니 盖取前書所示'貧當益可樂'之語하여 用寓鄙心之所願慕者"라 하시니 퇴계선생이 낙암의 '액자'와 「낙암기」를 지어 보내 주었다. 선조5년 11월 초1일 선생이 46세로 졸하시니 호남유생들이 낙암하에 망천사(望川祠)를 세워 위패를 모시고 석채례(釋菜禮)를 행하였으나 이 사우는 임진왜란으로 소실되고 서원을 망월봉하(望月峯下) 동천(桐川) 위로 옮겨 신독재 김집선생이 초대원장으로 취임하였으며 효종5년에 월봉서원(月峯書院)으로 사액되었다. 낙암(樂庵)에서 선생과 당시 교유(交遊)한 학자와 문인으로 송천 양응정(松川 梁應鼎) 청련 이후백(靑蓮 李後白) 사암 박순(思庵 朴淳) 매당 김점(梅堂 金坫) 이의중(李義重) 곽희인(郭希仁) 송호 기대림(松湖 奇大臨) 죽천 박광전(竹川 朴光前) 황강 김계휘(黃岡 金繼輝) 회재 박광옥(懷齋 朴光玉) 이유원(李惟源) 잠재 김취려(潛齋 金就礪) 운강 김계(雲岡 金啓) 죽재 양사기(竹齋 楊士奇) 일휴당 최경회(日休堂 崔慶會) 제봉 고경명(霽峰 高敬命) 송강 정철(松江 鄭澈) 유은(柳溵) 괴정 최시망(槐亭 崔時望) 김경생(金景生) 학매 이굉중(鶴梅 李宏中) 중지 이운홍(重之 李運鴻) 곽호(郭顥) 박규(朴揆) 산천재 이함형(山天齋 李咸亨) 달부 노적(達夫 盧適) 율정 윤진(栗亭 尹軫) 박대붕(朴大鵬) 진중후(陳重厚) 이유회(李惟誨) 서경 유근(西坰 柳根) 함재 기효증(涵齋 奇孝曾) 동계처사 정즐(東溪處士 鄭騭) 독석 황혁(獨石 黃赫) 오봉 이호민(五峯 李好閔) 허사증(許思曾) 등 수많은 선각들이 발자취를 남긴 곳이다. 고봉 선생께서 반유(盤遊)하실 때 찬연히 빛나던 낙암이 425년의 세월 속에 모두 유실되고 지금은 초석과 석축 편린과 그 터가 무성한 청오죽(靑烏竹)에 묻혀 흔적으로 남았으니 이제 후학과 후손들은 유적비를 세우고 선생이 당시 이곳에서 지으신 시 한 수를 적어 그 뜻을 기린다.

숲속 오두막에 조용히 살아도 밝고 빛나니, 林廬靜處亦光華하니,

처음 서재를 지어 푸른 언덕에 잠겼어라. 初卜書齋倚翠阿라.
비탈의 몇 그루의 대나무 밤비에 소슬거리고, 崖竹幾竿鳴夜雨하고,
잿마루 외로운 소나무 노을에 한들거린다. 嶺松孤影漾晴霞라.
하도낙서 주목한 일 원래부터 싫지 않고, 圖書寓目元非厭하고,
하찮은 음식 조금도 목에 걸리지 않네. 疎糲充腸儘不哇이라.
이제 성현의 전수한 뜻 알았으니, 且會聖賢傳授意니,
곡직과 횡사 따진들 무엇하리요. 何論曲直與橫斜이오.

8) 월봉서원(月峯書院)

낙암(樂庵) 아래 망천사우(望川祠宇)가 임란으로 소실되어 서원을 망월봉(望月峯) 아래 동천(桐川) 위로 옮긴 곳이 현재의 비아면 산월리(飛鴉面 山月里) 월봉마을이다. 광주시로 진입하기 이전에 영산강 산동교(山東橋)를 넘는데, 그 옛날의 다리에 연접된 동네이다. 고속도로를 지나다보면 그 뒷산 봉우리만을 볼 수 있을 만한 가까운 거리에 있다. 월봉마을은 마을 뒤에 면내에서 가장 높은 세 봉우리가 있는데, 달뜨는 것을 맨 먼저 본다고 하여 망월봉(望月峯), 즉 달이 뜨는 봉우리라는 뜻이다. 이 마을의 후등(後嶝) 망월봉 아래 고봉 기대승, 눌재 박상(1671년 배향), 사암 박순(1671년 배향), 사계 김장생(1673년 배향), 신독재 김집(1673년 배향) 등을 모셨는데, 월봉서원 유지(遺址)만 남아 있다. 짙은 대나무 숲으로 둘러 쌓여 아늑한 분위기를 만드는 곳이다. 이 곳은 제1차 창건지인 낙암에서 20여리 동남쪽으로 떨어진 곳이다. 효종 5년 갑오년(1654) 8월 19일 유림의 대궐 상소로 인하여, 「월봉서원」(月峯書院)으로 사액되었다.

예조의 회계(回啓)는 효종의 의사를 존중하여 임금의 전결에 맡겨

두었고, 예문관의 회계에서는 월봉(月峯), 도산(道山), 동천(桐川) 가운데서 도산에 낙점 하였으나 결국 '월봉'으로 최종 재가되었다. 을미년(효종 6년, 1655. 4. 2., 사후 83년) 사액된 뒤로 예랑(禮郎) 원격(元格)이 임금의 제문을 가지고 와서 치제하고 사우 3칸을 중창(重刱)하였다. 기유년(현종 10년, 1669, 사후 97년) 동제 3칸을 중창하고, 서재 3칸과 강당 5칸을 동시에 중창하였다.

무오·기미년(숙종 4-5년, 1678-1679, 사후 106-107년) 시세가 크게 변하여 우암 송시열이 쓴 동주(洞主) 표말을 없애고 동춘당 송준길(同春堂 宋浚吉)이 쓴 재액(齋額)을 철거하였으나, 경신년(숙종 6년, 1680) 다시 게시하였다. '충신당'(忠信堂), 명성재(明誠齋), 존성재(存誠齋)는 동춘당이 쓴 것이고, '월봉서원강당'(月峯書院講堂)은 화천 이산뢰(華泉 李山賚)가 쓴 것이다. '충신당'이라는 현판을 이미 강당(충신당) 안에 걸고 보니, 이산뢰의 글씨를 걸 데가 없었다. '충신당'이 바로 강당의 역할을 하고 있기 때문에 다시 '월봉서원강당'이라는 현판을 걸 수 없었다. 그러나 순천에 한훤당 김굉필(寒暄堂 金宏弼, 1454-1504)을 모신 옥천서원(玉川書院)의 예에 따라 두 현판을 동시에 걸었다는 것이다. '월봉서원강당'이라는 현판을 출입구의 문에 달고 '충신당'이라는 현판은 강당(충신당) 안에 걸었다. 옥천서원에서는 현판이 둘이 있는데 강당 안에 건 것은 퇴계의 글씨이고 문밖에 건 것을 이산해(李山海)의 글씨인데 같은 용도의 방실(房室)을 두 가지 현판으로 동시에 사용할 수 있다는 선례(先例)이다.

현재의 월봉서원은 체제에 있어 동천에 있었던 규모를 모방하였으나 그것과는 다른 의미를 지닌다. 1868년 월봉서원의 자진훼철 이후 복설은 1978년 현재의 위치에 사우(祠宇), 강당(講堂), 장판각(藏板

閣), 동재(東齋), 서재(西齋), 내외삼문(內外三門)이 갖추어졌다.

빙월당(氷月堂)이 있는 곳에 월봉서원을 완전 복원 하여 1991년 예성(禮成)을 하고 월봉서원 현판과 강당 충신당(忠信堂) 현판이 빙월당 현판과 동시에 게시 되었다.

동춘당 송준길(同春堂 宋浚吉)이 쓴 명성재 존성재 충신당 현판과 화천 이산뢰(華泉 李山賚)가 쓴 월봉서원 현판을 복제하여 걸었다.

월봉서원묘정비(月峯書院廟庭碑)와 번역비를 성균관장(成均館長) 최근덕(崔根德) 박사의 찬(撰)으로 2004년 6월 8일 건립하였다.

현재 월봉서원은 행정구역상으로 광주광역시 광산구 광산동 광곡(光山區 光山洞 廣谷, 너브실)에 위치하고 있다. 이 곳은 장성과 송정리의 사이 임곡역에서 2,3킬로 정도 북방으로 치우쳐 있다. 마을 어귀에는 조그마한 자연석에 「월봉서원」과 「광곡」(廣谷)이라는 표지가 새겨져 있었다. 새롭게 월봉서원을 복설한다는 것은 여건상 어려워 빙월당을 강당으로 하여 그 아래에 서원의 옛날 체제를 만들고 여기에 현판까지를 내걸어 고봉 선생을 추모하는 장소로 삼고자 하는 의도에 기인된 것이라고 보겠다. 동천에 있었던 두번째 월봉서원의 모습을 복원한 것과 같은 명칭이 여기저기 보인다.

9) 칠송정(七松亭)

칠송정(七松亭)은 너브실 마을입구에 위치한 정자로, 고봉의 아들 효증(涵齋 孝曾)이 시묘살이한 위치에 건립한 것으로, 현 건물은 1905년 중수하고, 1979년 다시 복원하였다. 1905년 기봉국(奇鳳國)이 찬한 「중수기」가 게시되어 있다.

10) 물재공 묘소

송현동 마을 건너편 야트막한 야산 능선 끝에 묘소가 있다. 마을 입구에서 내려다보이는 곳으로, 들릴 만한 가까운 거리이다. 「연보」에 의하면, “정월에 물재공을 상을 당하였는데(고봉 29세), 3월 집 뒤의 ‘경좌’의 묘지에 장례하고 「묘지」(墓誌)를 지었다. 다음 해 같은 달에 어머니 강씨의 묘를 옮겨 아버지의 오른쪽에 부장(祔葬)하고 「천묘기」(遷墓記)를 지었다.”라고 하고, 「경기참봉기부군묘기」에 의하면, “어머니는 아버지보다 22년 전에 별세하였는데, 집 뒤 2리 쯤 되는 갑좌경향(甲坐庚向)의 산에 안장하였다. 아버지가 별세하자 그해 3월 경신일에 어머니의 무덤 남쪽에 장례하니, 선산인 때문이다.”라고 하고 “부인은 단정하고 공손하며 은혜로와 부군과 배필할만 하였다”고 고봉은 기록하고 있다.

모셔진 본 부인 방씨의 묘소는 실전되어 봉분은 없고 상석과 단비(壇碑)만이 흔적을 나타내 주고 있었다. 첫부인은 바로 이 남양방씨인데 3월 4일이 기일인데, 처음 청주 수신리(修身里)에 안장하였으나 잃어 버리고, 덕성군의 오른쪽에 제단을 설치하였다. 묘표에는 「증정경부인남양방씨신위단」(贈貞敬夫人南陽房氏神位壇)이라고 쓰여 있다. 고봉의 어머니 진주강씨(1501-1534)는 물재공의 둘째부인으로 관향이 진주로 갑오년(1534) 7월 17일에 서거하였다.

7. 고봉의 행적에 대한 평가

고봉의 첫째의 장점은 성리학에 있다. 추만 정지운, 옥계 노진, 소재 노수신, 일재 이항 등 당시 쟁쟁한 학자들과 교유함으로써 성리학적 교양을 충분히 가지고 있었던 것을 알 수 있다. 다음으로 예학에 관한 그의 해박한 지식이다. 조정에 예학적인 문제가 생기면 날카로운 재치와 논거를 제시하여 중론을 굴복시켰으니 그의 예학적 조예를 이해할 수 있다. 그의 언론의 직실성은 퇴계의 경험성과는 달리 한 치의 오차를 허용하지 않았다. 그의 생활태도도 마찬가지였다. 소박하고 간소하였다. 그의 예지력은 모든 사람을 감탄케 하고 또 일깨워 주는 역할도 하였다. 이것이 그의 영민성이다. 젊은 나이로 성균관 대사성과 사간원 대사간에 제수된 것은 그의 학식의 고매성과 통찰력을 선조가 인정한 것이다.

부음이 서울에 알려지자 간원(諫院)에서는 이렇게 그의 행적을 말하였다.

> 대사간 기대승은 젊어서부터 성현의 학문에 종사하여 식견이 고명하였으므로, 이황이 더불어 의리를 논변하는데 있어서, 옛사람이 미처 발명하지 못한 것을 많이 발명하였습니다. 그가 경악(經幄)에 입시하여 충성으로 진술하여 임금을 인도하였던 것은 모두가 훌륭한 제왕들의 도리였으며, 온 세상이 그를 추증하여 유종(儒宗)이라고 하였습니다. --- 그는 가세(家勢)가 청빈하여 치상할 수 없으니, 해당 도(道)로 하여금 넉넉하게 도와주도록 하여, 국가에서 선비를 높이고 도를 중히 여기는 뜻을 보이십시오.!

고봉의 업적 가운데 하나는 그가 중국 당말의 유학자 한유(韓愈)와 같이 한국의 학문적 도통(道統)을 분명히 언명하고 있다는 것이다.

물론 일반화된 생각을 고봉이 체계적으로 정리한 것이지만, 학문의 흐름과 그 주요내용을 정의하는데 하나의 모범이 되는 하나의 척도를 세운 셈이다. 도통은 학문의 정통성이 어디에 있는가를 이해하는 첩경이 된다. 포은 이전에도 유학이 없었던 것도 아니고, 유학자가 없었던 것도 아니다. 문성공 안향과 같은 주요한 역할을 한 인물도 있다. 포은 이전에는 정통으로 삽입하지 않고 그렇다고 정암 조광조 이후로는 일정한 도통이 있는 것이 아니라 각기 자기 학통에 따라 도통이 달리 나타나게 된다. 중종 연간에는 도통에 대한 여러 사람의 언명이 있으나 유독 고봉의 체계가 잘 갖추어 있다. 그는『논사록』에서 이렇게 한국유학의 도통(道統)을 말하고 있다.

> 동방의 학문이 서로 전해진 순서를 말하면, 정몽주가 동방이학의 시초가 된다. 길재는 정몽주에게서 배웠고, 김숙자는 길재에게서 배웠으며, 김종직은 김숙자에게서 배웠고, 김굉필은 김종직에게서 배웠으며, 조광조는 또 김굉필에게서 배웠다. 조광조는 연원의 정당성을 계승하여 명성(明誠)의 실제를 얻어, 더욱 무성하게 되었다.

고봉에 대한 평가는 기록하는 사람에 따라 관심과 분야가 다르고 칭찬과 포폄의 정도도 각기 다르다. 퇴계 이황, 미암 유희춘, 사암 박순, 황강 김계휘, 율곡 이이, 일휴당 최경회, 제봉 고경명, 오음 윤두수, 여헌 장현광, 택당 이식, 우암 송시열과 선비들이 고봉에 대하여 일반적으로 평가하는 유학자들의 논평을 살펴보도록 한다.

> ○ 문순공 퇴계 이황(文純公 退溪 李滉, 1501-1570) : “조정에 나오지 않았을 때 이름이 원근에 퍼졌고, 나오자마자 온 나라의 이목이 그에게 쏠렸다. 태극을 논함에 있어 충분히 사람의 의사를 개발해 주고 사람의 안목을 열어 주었으므로 비로소 호남에 이와같은 인

물이 있다는 것을 알았다."(「청액소」) ○ "기고봉은 식견이 박흡(博洽)하고 초예(超詣)하여 통유(通儒)라고 할만하다."(「서술」) ○ "기대승은 이학(理學)에 대해 소견이 뛰어나니 곧 통유(通儒)이다." (「청액소」) ○ "학문에 뜻을 둔 선비는 지금도 없지는 않습니다. 그 중에도 기대승은 널리 알고 조예가 깊어, 그와같은 사람을 보기가 드무니, 이 사람은 통유(通儒)라 이를 수 있을 것이다."(「행장」)

○ 문절공 미암 유희춘(文節公 眉巖 柳希春, 1513-1577) : "기고봉의 「곤지기론」은 정말 통쾌하다. 참으로 핵심을 찔렀다고 할 것이니, 전에 내가 변박한 것은 그저 지엽에 불과할 뿐이다."(「서술」)

○ 문충공 사암 박순(文忠公 思庵 朴淳, 1523-1589) : "태고 멀리 복희(伏羲)와 황제(軒轅)를 추구하였고, 진원(眞源)은 추로(鄒魯)를 소급하였다."(「청향소」1 · 2, 「서술」)

○ 문민공 황강 김계휘(文敏公 黃岡 金繼輝, 1526-1582) : "그 언론을 듣노라면 마치 장강대하(長江大河)가 흐름을 따라 동쪽으로 내려가는 것과 같았고, 학자들이 우러르기를 태산북두처럼 하였다."(「청향소」1 · 2, 「서술」)

○ 문성공 율곡 이이(文成公 栗谷 李珥, 1536~1584)) : "대승(大升)이 젊어서부터 문학으로 세상에 이름이 났다. 넓게 보고 강하게 기억하였으며 기품(氣稟)이 호걸스러워 담론(談論)하는데 있어 좌중 사람들을 능히 복종(服從)하게 하였다. 이미 과거에 합격한 뒤로는 청렴(淸廉)한 이름이 나타났으므로 선비들이 추대하여 영수(領袖)로 삼았고 대승도 또한 한 시대를 경륜(經綸)하는 것으로 자임(自任)하였다."(「석담일기」)

○ 충의공 일휴당 최경회(忠毅公 日休堂 崔敬會, 1532-1593) : "한 · 유(韓 · 柳)를 능가하였으나 문장은 여사(餘事)이고, 정주를 계승하여 도덕을 실천하였다."(「청향소」1 · 2, 「서술」)

○ 충렬공 제봉 고경명(忠烈公 霽峰 高敬命, 1533-1592) : "다른

시대 사람을 사숙하여 연원은 고정(考亭, 朱子)을 소급하였다."(「청향소」1·2, 「서술」)

○ 문정공 오음 윤두수(文靖公 梧陰 尹斗壽, 1533-1601) : "고봉의 정밀한 조예(造詣)와 퇴계의 인의(仁義)를 받들어 행한 일로 인하여 한 나라가 그의 힘을 입게 되었으니, 나중에까지 혜택이 크다고 하겠다."(「청향소」2)

○ 문강공 여헌 장현광(文康公 旅軒 張顯光, 1554-1637) : "퇴계는 항상 염장·염퇴(斂藏·廉退)와 청수·고절(淸修·苦節)의 도리로써 자처하고, 고봉은 언제나 초양·발월(超揚·發越)과 직절·준특(直截·峻特)의 의리로써 스스로 힘썼다. 그 기상은 서로 맞지 않은 것 같지만 그 독신하여 의심하지 않고 사랑하며 좋아하여 싫어함이 없는 뜻은 날이 갈수록 농도가 짙어져 모든 정성과 노력을 다 기울였으니, 고봉만이 퇴계에게서 절제를 취한 것이 아니라, 퇴계 또한 고봉에게서 많은 도움을 받았다."(「청향소」, 「서술」)

○ 문정공 택당 이식(文靖公 澤堂 李植, 1584-1647) : "사대부가 상서러운 기운과 봉황처럼 바라보고 의지하여 믿었으며, 언제나 조정에 큰 의논이 있을 때는 반드시 고봉의 한마디를 기다려서 결정하였다. 그 당시 선류(善類)가 참화를 당하고 권간(權奸)이 조정을 어지럽히는 때를 당하여 사기가 시들어 부진하였는데, 고봉이 그 사이에 오뚝하게 서서 마치 제방이 거센 물을 막는 것처럼 하였고, 명현(名賢)을 끌어들여 조정에 진출시키고, 간소배(奸小輩)를 꺾어 물리쳤으며, 힘써 청의(淸議)를 부추기고 교화의 법을 닦아서 밝혀, 사림이 추대하여 하였다. 경연에서 논사(論思)하면서, 임금께 권면하고, 진강하기를 밝고 간절히 하여, 의리·왕패의 구분과 고금·치란의 원인과 군자·소인, 진퇴·소장의 경계에 이르기까지 자세히 논하고 극진히 개진하지 않는 것이 없었으며, 임금 또한 마음을 비우고 경청하면서 날로 장려해 주니 세상 사람들이 소기묘(小己卯)로 지목하

였다."(「청향소」1·2) ○ "공의 도는 대개 퇴계와 같았다. 그러나 명철한 임금과 어진 신하가 만나는 때를 얻지 못하여 포부를 시행해 보지 못한 채 오직 강명하여 도를 세운 것만이 서책 속에 전하고 있으니, 실로 낙민(洛閩)이 겪은 경우와 같다."(「서술」)

○ 문정공 우암 송시열(文正公 尤庵 宋時烈, 1607-1689) : "고봉은 박학하고 웅변을 갖춘데다가 천인·성명의 이치(天人·性命之理)와 백가·중기의 글(百家·衆技之書)을 한결같이 다 분명하게 가려내었다. 이에 퇴계가 자기의 견해를 많이 굽혀 따르고, 밝고 넓은 경지를 홀로 보았다는 것으로 허여(許與)하였으니, 창(槍)을 잡고 방안에 들어간 경우라고 말할 만하다."(「청향소」2) ○ "박학(博學)과 웅변으로 사림의 사표가 되었다."(「서술」)

○ 후대 선비 : "공(고봉)만이 퇴계에게서 재결을 받았을 뿐 아니라, 퇴계도 공에게서 많은 도움을 받았다."(「시장」) ○ "공(고봉)의 퇴계에 대한 관계는 마치 횡거(橫渠 張載)의 정자(程子)에 대한 관계나 서산(西山 眞德秀)의 주자(朱子)에 대한 관계와 같다."(「시장」)

퇴계는 고봉을 이학(理學)에 대한 소견이 월등하고 호남의 제1의 선비이며, 통유(通儒)라고 지적하고 있다. 사암은 고봉의 학문의 연원이 중국의 복희 황제와 공맹학에 소급될 수 있다고 보았다. 황강은 현하지변(懸河之辯)의 언론과 사방에서 고봉을 숭앙하는 모습을 주로 말하고 있다. 율곡은 호걸스러운 기품, 높은 담론과 청렴한 학자로서의 고봉을 표현하였으며, 일휴당은 문학에서 한유와 유종원을 능가하고 도덕은 정주에 근원을 두었고, 제봉은 고봉의 연원을 주자에 두었다. 오음은 퇴계와 고봉의 학문적 특질을 말하고 그 후대에의 영향이 지대함을 강조한다. 여헌은 퇴계와 고봉을 상대적으로 비교하고 있다. 양자는 서로 다른 것 같으면서도 결국은 조화를 이루게 되는 모습을 그리고 있다. 택당은 고봉의 절개와 조정에서의 관료들의 그에 대한 존경의 모습을 말하고 있으며, 우암은 고봉의 학문이 걸출하여 남의 위에 있고 퇴계도 그의 기개를 굽혀 고봉을 따랐으며, 청출어람(靑出於藍)의 형상을 여기서 볼 수 있다고 보았다. 일반적으로 후대의 선비는 퇴계와 고봉은 어느 한 쪽만이 영향을 준 것이 아니라 상호 영향을 받았으며, 양자의 관계를 옛 현인들의 사귐에 비유하여 설명하고 있다.

고봉은 그리 길지 않는 생애를 살다간 학자이다. 그가 읊었던 것처럼 산다는 것 자체가 하나의 덧없는 것일지도 모른다.

> 호화(豪華)코 부귀(富貴)키야 신릉군(信陵君)만 할가마난,
> 백년(百年)이 못되어 무덤 우희 밧츨가니,
> 하믈며 여나믄 장부(丈夫)야 닐러 부삼하리오. (『청구영언』)

덧없게 느껴지는 세월은 단지 허송된 나날이 아니었고, 학술, 정치, 예학 등에 대한 합리적, 과학적 사고는 그가 보기드문 참된 지성인이었음을 말해주고 있다. 그가 살았던 40여 성상(星霜)의 세월은 진지(眞知)에 대한 독실한 탐구와 더불어 경세택민의 정열로 점철(點綴)된 발전적 가치를 지닌 생애였다고 외람되게 평할 수 있다.

1998. 8.

정병련(鄭炳連)

고봉 선생 약보(略譜)

◈ 1세(1527년 정해년 중종 22년)

11월 18일 임신 진시에 선생이 광주(光州) 소고룡리(召古龍里) 송현동(松峴洞) 집에서 태어났다. 선생은 행주가 관향이니 지금의 고양군이다. 대대로 서울에 거주하였다. 부친 물재 기진(勿齋 奇進)이 동생 복재 기준(服齋 奇遵)과 더불어 성리학을 공부하다가, 동생이 기묘사화에 연루되어 화(禍)를 당하자, 세상일에 뜻을 두지 않았다. 모부인이 돌아가심에 복을 마치고 마침내 광주에 물러 와 살았는데 선생이 태어났다.

◈ 2세(1528년 무자년 중종 23년)

◈ 3세(1529년 을축년 중종 24년)

◈ 4세(1530년 경인년 중종 25년)

◈ 5세(1531년 신묘년 중종 26년)

◈ 6세(1532년 임진년 중종 27년)

선생은 어른처럼 중후하게 행동하였으며, 다른 친구들이 장난치는 모습을 보면 빙그레 웃을 뿐이었다.

◈ 7세(1533년 계사년 중종 28년)

비로소 가정에서 수업을 받기 시작하고 침착하고 묵직함이 성인과 같았다. 매일 새벽에 일어나 정좌하고 암송하여 읽기를 쉬지 않았다.

사람들이 혹시 너무 열심히 공부하여 힘들겠다고 위로하면 “나는 공부가 좋아서 한다.”라고 답변하였다.

◈ 8세(1534년 갑오년 중종 29년)

어머니가 돌아가시니 애통과 슬픔이 성인과 같았다.

◈ 9세(1535년 을미년 중종 30년)

『효경』(孝經)을 읽다. 『효경』을 베껴 씀에 글자가 해정하였으며, 『소학』(小學)을 외웠다. 선생의 맏형 승지공(承旨公)이 밖에서 씨름구경을 하고자한대 물재공이 이를 알고 불렀다. 승지공이 벌 줄 것을 예감하고 달아나고자 하였는데 선생이 그의 손을 잡고 “어른이 부르시는데 형이 도망간다면 어른의 노여움을 부채질할 것이니 허물이 깊습니다.”라고 하여 눈물을 흘리면서 함께 돌아왔다.

◈ 10세(1536년 병신년 중종 31년)

매일 새벽에 일어나 한 곳에 정좌하고 외우고 읽기를 그치지 않았다. 부친 물재공(勿齋公)을 따라 산사(山寺)에서 글을 읽고 글씨도 익혀 진취의 희망이 있었다.

◈ 11세(1537년 정유년 중종 32년)

물재공이 서울로 떠남에 간비(幹婢)로 하여금 선생의 형제를 돌보게 하였다. 하루는 여종과 그 남편이 침실에 앉아 있었는데 선생이 밖에서 들어오다가 곧바로 서서 뚫어지라고 쳐다보았다. 여종이 식사를 권하니 대꾸도 하지 않고 울기만 하였다. 여종이 꾸짖으니 밤새 자지 않았다. 다음날 새벽 서당에 나아가 선생님에게 『동몽』을 배우게 되었다. 곧바로 『대학』을 배우고, 일과 외에 『동몽』에서 배운

『중용』『맹자』 등 경서를 함께 외웠다.

김집(金緝)이 선생이 육갑과 상생의 이치를 훤히 알고 있음에 탄복하여 말하기를 '너의 작은 아버지 덕양(德陽)선생이 성리학을 연구하여 사림의 종장이 되었는데 네가 또 그 일을 계승할만 하구나'라고 하였다. 이어서 식자를 주어 연구의 시를 짓도록 하니 선생이 응답하여 말하기를 '먹음에 배부름을 구하지 아니함이 군자의 도리이다'라고 하니 칭송과 탄복이 계속되었다. 『한서』(漢書), 「한문」(韓文: 韓愈의 문장)을 읽었다.

◈ 12세(1538년 무술년 중종 33년)

『맹자』, 『중용』을 읽고 동료들과 더불어 연구(聯句)를 짓고 저술도 하였는데 모두 학성(學性)이 있다고 칭찬하였다. 『고문진보』(古文眞寶) 전집(前集)을 읽고 또 고부(古賦)를 읽어 처음부터 끝까지 다 외웠다.

◈ 13세(1539년 기해년 중종 34년)

『고문진보』(古文眞寶) 후집(後集)을 수백번 읽고 마쳤다. 이때 선배들이 감시(監試: 성균관에서 뽑는 생원 진사 시험)를 보기 위해 서당에서 글을 읽고 짓는데 따라 배웠더니 어려움이 없었다. 11월에 『사략』(史略)을 읽기 시작했다.

◈ 14세(1540년 경자년 중종 35년)

물재공에게 『사략』을 배워 읽으니 문리(文理)가 훤하게 트였다. 『논어』를 수학하여 끝마치고 『서전』을 모두 읽어 외웠다. 항상 『강목』을 좋아하여 날마다 읽어 한 권을 마쳤으며 문을 닫고 정관하여 침식을 잊는데 이르렀다.

◈ 15세(1541년 신축년 중종 36년)

항상 돌아가신 아버지의 훈계의 말을 손수 기록하여 좌우에 붙여 놓고 날마다 힘쓰며 말하기를 '어릴 때부터 가정의 훈계를 받들어 오늘날에 이르러 거의 성과가 있으나 기질이 평범하여 처음처럼 어리석음을 심히 애석하게 여긴다. 지난 것을 좇을 수 없으니 오는 것을 힘쓰지 않겠는가? 내 일찍이 소강절의 「문견록」이 있다고 들었는데 배우는 사람은 모름지기 차기를 만들어 잊어버리지 않아야 한다. 이에 들은 것을 써 놓고 아침저녁으로 살피려고 한다.'라고 하였다.

이 해 늦은 봄에 「서경부」 139구절을 지었다. 용산 정희렴(龍山 鄭希濂)선생이 이 글을 보고 평하기를 "이 글을 읽어보면 그 사람됨을 상상할 수 있는 것이니 그 성문(聲聞)이 오래도옥 사람들에게 펴지겠도다. 생각이 심오하고 기세가 장대하며 말이 고상하고 문장이 밝게 트이니 조금만 더 진취(進就)하면 옛 작자(作者)의 경지에 이르게 되리라. 더구나 그밖의 과거 보는 문장은 더 말할 필요가 있겠는가. 축하할 뿐이다"고 하였다. 가을에는 『시전』을 읽고 모두 외웠다. 봄에 외종조모(外從祖母)의 상을 당하였다.

◈ 16세(1542년 임인년 중종 37년)

『주역』을 읽었으며, 오로지 정밀하게 의미를 강구해서 침식을 잊는 지경에 이르렀다. 시부(詩賦)를 지어보고, 「조정몽주부」(弔鄭夢周賦)를 지었는데 붓 끝이 저절로 막힘이 없었다. 한번 읊는 동안에도 옛것을 익히고 연구하여 부(賦)를 모두 10여수 지었으며, 시험삼아 「의정부부」(議政府賦)와 「고소대부」(姑蘇臺賦)를 1백여구씩 지었으며,

『대학』을 읽었다.

◈ 17세(1543년 계묘년 중종 38년)

선생이 어머니가 일찍 돌아가심을 추도하였으나 나이가 어려 복입지 못하였다. 기일이 올 때마다 첫 한 달은 흰옷을 입고 거친 음식을 먹었다.

『전한서』, 『후한서』, 『동국여지승람』을 읽었다. 산사에 가서 원부(元賦)를 초(抄)한 것을 읽었다.

◈ 18세(1544년 갑진년 중종 39년)

『심경』(心經)을 읽고 의리를 강구하고 뜻을 독실히 하고 힘써 배웠으며 문장은 과거형식을 취하지 않았다. 중종이 서거함에 졸곡 때까지 곡하고 거친 음식을 먹었다.

『맹자』를 읽고 「한문」(韓文)을 읽다가 4월 보름에 용산 선생을 찾아 뵙고 「민암부」(民嵒賦)를 지었다. 「한문」(韓文)을 일고 선생에게 『문선』을 강독하고 『상서』의 대문(大文)을 읽었다.

◈ 19세(1545년 을사년 인종 1년)

인종이 서거함에 졸곡 때까지 곡하고 거친 음식을 먹었다. 사림의 재앙을 듣고 종일 먹지도 않고 울었으며 문을 닫고 나가지 않았다. 일찍이 글을 지어 스스로를 경계하였다. 『근사록』(近思錄)을 읽고 이어서 『강목』(綱目)을 읽었다.

◈ 20세(1546년 병오년 명종 1년)

가을에 향시의 진사시에 응시하여 2등으로 합격하다.

◈ 21세(1547년 정미년 명종 2년)

정월에 성균관에 유학하다.

◈ 22세(1548년 무신년 명종 3년)

12월에 나주 충순위 함풍 이임의 딸과 혼인하다.

◈ 23세(1549년 을유년 명종 4년)

2월에 일재 이항(一齋 李恒)을 뵙고 8월에 영천 신잠(靈川 申潛)을 찾아 뵈었다. 사마양시에 합격하였다.

◈ 24세(1550년 경술년 명종 5년)

8월 초 10일에 아들 효증이 출생하다.

◈ 25세(1551년 신해년 명종 6년)

알성시(謁聖試)에 나아가 급제하려는데 윤원형이 그 이름을 살피기를 꺼려하여 낙제되자 곧 고향으로 향하였다.

◈ 26세(1552년 임자년 명종 7년)

◈ 27세(1553년 계축년 명종 8년)

◈ 28세(1554년 갑인년 명종 9년)

동당향시의 시험에 나가 일등을 하다.

봄에 용산 정즐선생을 조문하다.

◈ 29세(1555년 을묘년 명종 10년)

정월 15일에 물재공의 상을 당하다. 3월에 집 뒤의 동산에 장례를 모시고 묘지명을 짓다.

◈ 30세(1556년 병진년 명종 11년)

3월에 돌아가신 어머니 강씨의 묘를 옮겨 돌아가신 아버지의 동편에 모셨는데 무덤은 다르지만 동일한 형태였다. 「천묘기」(遷墓記)을 짓다.

◈ 31세(1557년 정사년 명종 12년)

3월에 복을 벗다. 이 달 서석산과 월출산을 유람하였다.

『주자문록』(朱子文錄)이 완성되었다. 정자(正字) 송정황(宋庭篁)이 발문을 짓다.

◈ 32세(1558년 무오년 명종 13년)

4월에 두류산을 유람하다.

7월에 하서 김인후(河西 金麟厚)를 상면(相面)하였다.

8월 15일에 고양으로 가서 선조의 묘소를 성묘하다.

8월 16일에 정추만이 찾아와 『천명도설』(天命圖說)을 강론하다.

10월에 문과을과에 장원하여 권지승문원부정자(權知承文院副正字)를 제수 받다.

그달에 퇴계 이황선생을 찾아가 뵙고 사단칠정을 처음으로 논의하다.

11월에 고향으로 돌아오다.

◈ 33세(1559년 을미년 명종 14년)

「사단칠정설」(四端七情說)을 짓다.

◈ 34세(1560년 경신년 명종 15년)

3월에 글을 지어 하서 김공을 조문하였다.

5월에 서신으로 정추만과 천명도를 논의하다.

8월에 퇴계에게 글을 써 '사단칠정'을 논하다.

◈ 35세(1561년 신유년 명종 16년)

9월 19일에 아들 효민(孝閔)이 출생하다.

◈ 36세(1562년 임술년 명종 17년)M

5월에 예문관 검열 겸 춘추관 기사관에 제수되었으나 청하여 고하고 고향으로 돌아오다.

12월에 대교를 추가하다. 이 달에 다시 봉교로 옮겼는데 부르심이 있었다.m

◈ 37세(1563년 계해년 명종 18년)

정월에 조정에 나아가 사은하다.

3월에 승정원 주서와 이전의 관직을 제수받다.

4월에 예문관 봉교를 제수받았는데 병을 말씀드리고 체직되어 주서로 옮겨 제수하다.

5월에 낮은 벼슬로 있던 중, 봉교를 체직하여 부사정에 제수받다.

8월 16일에 변박을 당하다. 이량(李樑)이 헌부에 위촉하여 선생과 박소립(朴素立), 윤두수(尹斗壽), 윤근수(尹根壽), 이문형(李文馨), 허엽(許曄)을 논박하였는데, 선생을 우두머리로 삼아 삭탈관직되었다. 며칠 뒤 옥당의 상차에서 이량의 죄상(罪狀)을 논핵하여 쫓아냈기 때문에 복명하고 등용되었다.

9월에 예문관 봉교와 이전의 관직을 제수받다. 이 달 25일에 청관의 부음을 듣고 애도하였다.

10월에 조정에 나가 사은하고 독서당에 뽑혀 들어갔다.

11월에 선무랑을 제수받고 홍문관 수찬 겸경연검토관 춘추관 기사관에 배수되다.

◈ 38세(1564년 갑자년 명종 19년)

3월에 병을 말씀드려 수찬의 자리를 옮겨 전적 겸 지제교를 옮겨 제수받다.

6월에 홍문관 부수찬 지제교 겸 경연검토관에 제수되다.

10월에 병조좌랑 지제교를 제수받다.

12월에 성균관 전적을 제수받고 병을 말씀드려 옮겨 병조좌랑에 제수되다.

◈ 39세(1565년 을축년 명종 20년)

2월에 병조좌랑에 제수되다.

6월에 승의랑을 제수받고 성균관 직강 지제교에 제수되다. 이 달에 또 이조정랑 지제교를 제수받다.

10월에 교서관 교리를 겸하였다.

11월에 고향으로 간다고 말씀드리고 전비 방씨의 묘에 참배하다. 묘소는 청주 수산리에 있는데, 왕래하는 길에 매양 참례하였다.

12월에 소재 노수신이 광주 북방에 있는 진국원으로 옮겨왔는데 가서 뵙고 '인심도심설'에 대하여 논의하였다. 소재는 정암의 말을 근본으로 하였는데 그 뒤에 「곤지기론」(困知記論)을 지어 이를 변론하였다.

◈ 40세(1566년 병인년 명종 21년)

4월에 통덕랑을 제수받고 예조정랑 지제교를 배수하다.

6월에 순천부사 김계가 두 임금의 뜻을 물어 왔는데 뒤에 「이주설」(二主說)을 지어 주었다.

10월에 통선랑에 제수되고 홍문관 교리와 이전의 관직을 제수받다. 이 달에 또 사간원 헌납 지제교를 제수받다. 재차 소명이 있어 조정에 나가 사은하였다. 이 달에 사인으로 오르고 나머지는 이전과 같다.

◈ 41세(1567년 정묘년 명종 22년)

2월에 사헌부 장령 지제교에 제수되다.

3월에 성균관 사예 지제교에 제수되다.

4월에 사인 지제교에 제수되고 이 달에 사헌부 장령에 제수되다.

5월에 홍문관 응교와 이전의 벼슬을 제수받고 원접사 종사관으로 관서에 가다.

10월에 조산대부를 제수받고 사헌부 집의와 이전의 벼슬을 제수받다.

◈ 42세(1568년 무진년 선조 원년)

정월에 봉정대부를 제수받고 홍문관 직제학 겸 교리관 판교와 이전의 벼슬을 제수받다.

2월에 통정대부에 오르고 승정원 동부승지 지제교 겸 경연참찬관을 제수받다. 이 때에 종형 박충원의 겸대동지춘추를 말씀드렸기 때문에 겸춘추는 허락하지 않았다. 이 달에 또 우부승지로 올랐으며 나머지 벼슬은 같았다.

3월에 전위사로 의주에 갔다. 이 달에 복명하다.

4월에 병으로 승지를 그만두고 성균관 대사성에 제수되었고 나머지 벼슬은 같았다.

7월에 기거하는 집에서 퇴계선생을 방문하였다.

8월에 병조참의에 제수되다.

12월에 우승지에 올랐다.

◈ 43세(1569년 기사년 선조 2년)

3월에 동호에서 퇴계 이황선생을 보내는데, 강변의 농막에서 같이 자고, 봉은사의 배 안에서 다시 보내면서 「퇴계선생을 보내며」라는 시 한 구절을 지으니 퇴계도 글을 지어 주었다. 또 퇴계가 「매화시」 8절을 지어 선생에게 보이며 화답하도록 하였다. 선생이 또 화답하여 퇴계에게 보였다. 이 달에 대사간에 제수되다.

4월 16일에 문소전을 봉심한 뒤 대궐에 나가다. 이 달에 좌승지에 제수되다.

6월 초나흘 한낮에 문정전 뵙기를 청하여 김개의 사건을 분명히 밝혔다.

7월에 병을 말씀드려 승지를 그만두었다.

8월에 성균관 대사성에 제수되다.

9월에 병으로 대사성을 그만두다.

12월 13일 여식(女息)이 출생하였다.

◈ 44세(1570년 경오년 선조 3년)

2월에 고향으로 내려오다. 한강으로 나와 유숙하는데 조정의 많은 사람들이 전별하였다. 회숙 김계(晦叔 金啓), 이정 김취려(而精 金就

礪)와 같이 강변에서 자는데 선생이 2절구를 지어 주었다. : “돌아가는 천리길 시름이 그득한데, 내 사는 집 자욱한 안개가 덩실한 문을 가리웠네. 우리 임금의 사랑이 온누리를 비춰는데 번거롭다고 말할지 누가 알리. 세월은 물처럼 흘러 천기는 머무르지 않는구나. 작년에 서글피 이별한 곳에서 오늘도 돌아가니 절로 슬퍼지네.”(작년에 퇴계를 송별하는 운을 따름)

5월에 낙암(樂庵)이 이루어지다. (암자는 고마산 남쪽이며 그 아래 동쪽에 또 몇 칸의 집을 짓고 배우는 사람을 머무르게 하였는데 ‘동료’라고 하였다. 선생이 퇴계에게 주는 편지글에 “집 가까운 산언덕에 조그만 암자를 새로 지었습니다. 벼슬을 그만두고 쉬는 장소로 삼고자 하여 ‘낙’자(樂字)자로 이름하려고 하였는데, 대개 앞의 편지에서 말씀드린 ‘가난하면 더욱 즐길 수 있다.’라는 말에 하찮은 저의 마음의 바람을 붙인 것입니다.”라고 하였다.) 6월에 부경사에 제수되다. (이 때 선생의 의기가 부합하지 않아 퇴직하고 돌아왔는데 조정에서 부경사를 내렸기 때문에 글을 올려 진정하였다. 8월 1일 낙암에서 경숙 김점(敬叔 金坫), 중지 이의중(重之 李義重), 수부 곽희인(壽夫 郭希仁), 백씨 참봉공(伯氏 參奉公)이 동유(同遊)하였다. 22일 이유원(李惟諒) 유은(柳溵), 최시망(崔時望)이 낙암으로 선생을 찾아 뵈었다. 9월 광주판관 양사기(光州判官 楊士奇)가 낙암으로 선생을 찾아 뵈었다. 10월 7일 면앙 송순(俛仰亭 宋純)을 찾아 뵈었다. 12월 나주서에 있는 칠두정(七頭亭)을 유람하였으며, 퇴계선생의 부음을 듣고 슬피 애통하였다.

◈ 45세(1571년 신미년 선조 4년)

정월에 도산(陶山)에 사람을 보내어 조문하였다.

2월 19일 종가에서 시제를 모시고 늦게 귀전암에 가서 구경하였다. 이 때에 효증, 유은, 김경생, 이운홍, 곽호 등이 따라왔다. 선생이 산중턱을 보고 효증을 불러 한 곳을 가리키며 말하기를 "사람의 일이란 알 수 없는 것이다. 훗날 내가 죽거든 반드시 나를 이곳에 장사지내도록 하라."라고 당부하였다.

3월 13일 가묘를 떠나 서석산에 오르니 문인 가운데 따르는 사람이 대단히 많았다. 이 달에 돌아가 가묘에 참례하였다. 4월에 홍문관 부제학 겸 경연관 수찬 예문관 직제학에 제수되고 소명이 있었다. 4월 19일 정척(鄭隲), 최시망(崔時望), 김경생(金景生)에게 『중용혹문』을 강학하였다.

5월에 글을 올려 관직을 그만두다.

6월 1일 낙암으로 박규(朴揆), 유은(柳溵), 효증(孝曾)이 동행하였으며, 이 때 이함형(李咸亨)이 내알(來謁)하니 『태극도』를 강학하였고, 7월에 노적(盧適)이 내학(來學)하였다.

8월에 순천의 선비 허사증(許思曾)가 찾아와 「옥천서원기」(玉川書院記)의 제작을 청하였다.

9월에 이조참의에 제수되다.

10월에 박대붕(朴大鵬), 윤진(尹軫), 11월에 이굉중(李宏中), 유은, 12월에 정척, 이운홍(李運鴻)이 낙암으로 선생을 내알하였다.

◈ 46세(1572년 임신년 선조 5년)

2월 11일에 아들 계업(啓業)이 태어나다. 진중후(陳重厚), 정암(鄭

淹)이 낙암으로 찾아왔다. 이 달에 성균관 대사성을 제수받다. 25일에 돌아가신 어머니의 묘소를 참배하다. 27일에 조정의 명을 받다. (이 때 선생에게 주청사가 내렸기 때문에 곧 떠났다.) 이 달에 대사간을 제수받다.

4월 초이틀 상경길에서 태인에서 일재 이항(一齋 李恒)선생을 뵙다. 9일 청주에 내려가 전 어머니 방씨의 묘소를 참배하였다. 이 달에 조정으로 돌아와 사은하다.

5월 초하루 조강(朝講)에 입시하였고, 같은 달에 대사간에서 체직되었다. 7월에 공조참의 지제교에 제수되다. 9월에 대사간에 제수되었으나 당일 병을 말씀드려 얼마되지 않아 대사간을 그만두다.

10월 초사흘에 고향으로 돌아오려고 하니 온 조정사람이 전별하였다. 초열흘에 천안에 도착하여 비로소 발병하였고, 15일 태인에 도착하여 더욱 극심하여 곧 관사에 머물렀다. 25일에 병이 위독하니 매당 김점이 황급히 찾와서 할말을 물었다. 선생은 "오래 살고 짧게 사는 것은 명이며 죽고 사는 것은 하늘입니다. 염려하지 마시오. 다만 어려서부터 재주가 조금 있어 글쓰는데 힘쓰다가 마침내 성현의 학문에 뜻을 두었는데 중년 이래로 좀 얻은 것이 있다고 해도 공부가 완전하지 못하여 항상 본래의 뜻에 부응하지 못하여 오들오들 날로 근심스러웠습니다. 스승과 제자 사이의 옛성현의 뜻을 이어 의논한 것은 저도 부끄러워하지 않습니다. 다만 사업이 옛사람에 미치지 못하여 송구스럽고 근심스러울 따름입니다. 비록 그러하나 하늘이 몇 년을 더 연장해 준다면 시골에 노닐며 학자로 더불어 그 시종을 강론한다면 이 또한 큰 행복일 것입니다. 그러나 병이 이미 여기에 이르렀으니 어찌 하리요?"라고 하였다.

집안일에 대하여 물으니 대답하기를 "하찮은 전답이 몇 두락 있으니 자손이 생활은 할 것입니다."라고 하고 또 말하기를 "내가 그대의 집에서 죽으려 하니 내일 꼭 떠나야 합니다. 그대의 집에는 자부가 있으니 우리집과 다름이 없습니다. 내 병이 비록 중하지만 마땅히 힘써 목숨을 마치겠습니다. 28일에 명을 받은 사람은 매당(梅塘)으로 가기를 재촉하고 돌보는 사람이 관사에 머물기를 청하니 선생이 말하기를 「내 장차 죽을 것이다. 어찌 관청에서 죽겠는가?"라고 하였다. 가마에 올으려 함에 부추겨 옷을 단정히 입고 갓을 씌우도록 명하였으나 돌보는 사람이 곧바로 차려 주지 않으니 기어코 갓을 쓰고 가마에 오르게 하도록 하였다. 저녁 무렵 매당에 이르러 가마에서 내려 옷을 걸치고 방에 들어갔다. 돌보는 사람이 건강상태를 물으니 대답하여 말하기를 "내가 여기에 도착하니 좀 소생하는 것 같다. 손님이 많으면 본댁에 폐가 되니 여러분은 머물지 말고 각기 집으로 돌아가는 것이 좋을 것이다."라고 하였다.

이 날 임금이 선생의 병이 중함을 듣고 어의를 특파하니 승정원 글에 "이제 네가 태인에 도착하여 볼기에 종기가 나고 상기증(上氣症)을 앓고 있다고 하니 실로 내마음이 아프다. 의원 오변(吳忭)에게 약을 주어 내려 보내니 너는 이 약을 먹고 몸을 조절하라."고 하는 교지가 있었다. 오변이 오는 도중에 있었으나 선생을 구하지는 못하였다. 30일 저녁에 선생이 효증을 불러 말하기를 "너는 경박하니 뜻을 함축하면 근심이 없을 것이다."라고 하였다. 말을 마치자 눈을 감았다. 밤 2경에 증세가 심하니 돌보는 사람이 약을 들도록 청하였으나 대답이 없었다. 4경에 큰 바람과 우뢰가 일더니 선생이 서거하였다. 닭이 이미 울었으니 곧 11월 초하루였다.

선생이 태인에서 계실 때 원근의 문인 가운데 문병한 사람이 대단히 많았다. 매당에 이르러 돌아가게 하였는데 남아있던 사람이 수십인이 호상하고 돌아갔다. 부음이 서울에 들리니 서울사람들이 종남우사에 모여 조곡하였으며 조정에서는 장례를 관장할 것을 청하였다.

그 다음해 계유 2월 초파일 나주 북쪽 오산리(烏山里) 통현산(通峴山) 너브실(廣谷) 묘좌유향(卯坐酉向)의 언저리에 안장하였는데 선생이 이미 말씀하신 곳이다. 원근에서 장례 때에 모인 사람들은 수백인이 되었다.

◈ 선조 11년 무인년 1578년

호남의 유생들이 낙암 아래에 사당을 세워 위패를 모시고는 석채례(釋菜禮)를 행하였다. 당시 전라도 감사였던 황강 김계휘(黃崗 金繼輝)가 사당을 창건할 초기에 힘써 주선하였으며, 강진의 방죽논 30여석 지기를 특별히 서원에 편입시켰다. 그후로 송강 정철(松江 鄭澈)이 감사가 되어 힘써 돌보았으며 노비와 전토를 주었다.

◈ 선조 23년 경인년 1590년

광국공신(光國功臣)에 녹훈되고 수충익모광국공신(輸忠翼謨光國功臣) 정헌대부(正憲大夫) 이조판서 겸홍문관대제학 예문관대제학 지경연의금부춘추관성균관사(吏曺判書 兼弘文館大提學藝文館大提學知經筵義禁府春秋館成均館事)에 추증되었으며, 덕원군(德原君)에 봉해졌다.

인조 24년 병술년(1646) 5월 25일 문헌(文憲)이라는 시호가 하사되었다. 도덕이 있고 옛글에 널리 통한 것을 문(文)이라 하고, 기록할만한 선행이 있는 것을 헌(憲)이라 한다.

선조조 임진왜란 후에 서원을 망월봉 아래 동천 위로 옮겼는데, 낙암과는 거리가 20리 떨어진 곳이다.

◈ 孝종 5년 갑오년 1654년

8월 19일 효종께서 월봉서원(月峯書院)을 사액하시다.

◈ 孝종 6년 을미년 1655년

4월 초이튿날에 사액을 맞았는데, 예조좌랑 원격(元格)이 제문을 가지고 와서 제사지냈다.

고종 초기 대원군의 훼철정책에 따라 이 서원을 자진하여 철거하였다.

부 록

❀ 문헌공 고봉 기선생 신도비병 병서

고봉(高峯) 선생이 서거(逝去) 하신지 431년의 오랜 세월이 흘렀다. 우리나라에는 그 동안 치란과 흥망의 자취가 전광석화처럼 지나갔고 왕조도 점차 쇠퇴하여 마침내 경술년의 국치(國恥)를 당하였으며 광복 후에도 국토가 양단되고 국론이 분열되어 마침내 내란을 초래하였다. 다행히 근년에 국운이 다소 진작(振作)되고 있으나 남북통일은 아직 되지 못한채 이륜(彝倫)이 거의 상실되고 풍속도 갈수록 퇴패(頹敗)하고 있다.

이 때에 당하여 선생의 16대 주손(胄孫)인 성근(聖根)이 장차 선생의 묘도(墓道)에 비(碑)를 세우기로 하고 나를 찾아와 비석 세우는 일은 비단 선조의 학덕을 현창(顯彰)하기 위함이 아니라 유학의 유풍(遺風)을 발양(發揚)하고자 하는 뜻도 있으니 그것은 곧 유림의 소망이기도 하다고 하면서 나에게 비명(碑銘)과 서(序)를 청탁 하였다.

나는 천학(淺學)이라 굳이 사양하였으나 청탁(請託)의 뜻이 간곡(懇曲)하였고 또 퇴계(退溪)선생의 주손(胄孫) 이동우(李東愚) 옹(翁)도 사양하지 말라고 권하기에 마침내 봉행(奉行)하기로 결심하였다.

삼가 살피건데 선생의 휘(諱) 대승(大升)이요 자(字)는 명언(明彦) 성(姓)은 기씨(奇氏)이니 행주인(幸州人)이다.

행주현(幸州縣)에는 고봉(高峯)이라는 산이 있어 선생은 고봉(高峯)으로 자호(自號)를 한 것이다.

기씨(奇氏)는 고려조에 무예로서 장상(將相)이 된 분들이 많았고 조선조에 와서는 문필과 덕행으로 당세에 저명한 분들이 더욱 많았다. 선생의 고조 휘(諱) 건(虔)은 벼슬이 판중추원사(判中樞院事)로 세조때 청백리(淸白吏)였으며 시호(諡號)는 정무공(貞武公)이다. 증조 휘(諱) 축(軸)은 풍저창부사(豊儲倉副使)로 승정원좌승지(承政院左承旨)에 증직(贈職)되고 조고 휘(諱) 찬(欑)은 홍문관응교(弘文館應敎)로 이조참판(吏曹參判)에 증직 되었으며 고(考) 휘 진(進)은 그 아우 준(遵)과 함께 성리학(性理學)으로 당세에 저명하였다. 아우가 기묘사화(己卯士禍) 때 화(禍)를 당하게 되자 세사에 뜻을 끊고 광주 고룡리 시골로 물러나 살게 되었으며 경기전참봉(慶基殿參奉)을 제수 하였으나 사양하고 벼슬에 나가지 않았고 의정부 좌찬성 덕성군(議政府 左贊成 德城君)을 증(贈)하였다. 비(妣) 진주강씨(晋州姜氏)는 사과(司果) 영수(永壽)의 따님이며 문양공(文良公) 희맹(希孟)의 증손이다.

중종 22년 1527년 11월 18일 선생은 고룡리 송현동 고택에서 탄생하시니 천품이 영민하고 비범 하였으며 총명함이 월등하게 뛰어났다. 겨우 7~8세의 나이때 부터 가정에서 수학 하면서 효경(孝經)과 소학(小學)을 읽었는데 매일 새벽에 일어나 단정히 앉아서 글 읽기를 그치지 않았다. 점점 성장기에 이러서는 가정에서 공부하는 데에는 지장이 많아 마침내 향리 서당에 나가 더욱 부지런히 연구함으로써 이미 육갑(六甲)의 사물(事物) 쇠왕(衰旺)의 이치를 대략 통하였고 열두살 되던 1538년부터 열일곱 되는 1543년까지 사서삼경(四書三經) 전한서(前漢書) 후한서(後漢書) 통감(通鑑) 강목(綱目)등의 책을 두루 통하였으며 외가서(外家書)로는 당송(唐宋)의 고문(古文)도 읽었다. 또 국조(國朝)의 전적(典籍)에도 널리 통하였으니 한번 보면 능통하여 막히고 구애됨이 없었다.

선생은 원래 스스로의 수양을 위한 학문에 뜻을 두었으며 명성이 실제를 능가하는 것을 몹시 꺼려 하였다.

부친에게서 받은 교훈인 과정기훈(過庭記訓)에 근거하여 부과(赴科)의 해(害)를 논하여 이르기를 벼슬길의 풍파는 참 두렵고도 두려운 것이니 자기의 뜻을 시행하기도 전에 화(禍)가 이미 따르는 것이라고 하였다. 또 이르기를 주자는 조정에 선지 겨우 40여일 밖에 되지 않았으니 학자들은 이 뜻을 반드시 알아 두어야 한다. 진실로 뜻을 행하고자 한다면 일개 현(縣)으로 족하다고 하였다.

숙부 복재공(服齋公)이 이미 기묘사화(己卯士禍 중종14년 1519년)를 당하고 또 계속하여 을사사화(乙巳士禍 명종원년 1546년)가 이어져 선생은 벼슬길에 나아갈 뜻이 없었다.

마침내 노산에 서실을 짓고 글 읽기를 부지런히 하며 성명(性命)의 묘리에 침잠(沈潛)하고 천리(天理)와 인간의 이치를 연구하며 격물치지(格物致知) 성의정심(誠意正心) 수신제가(修身齊家) 치국평천하(治國平天下)의 대학(大學)의 도(道)와 천명솔성(天命率性) 무성무취(無聲無臭)의 경지를 밝힌 중용(中庸)의 이(理)를 털끝을 나누고 실오라기를 쪼개듯 세세히 분석하며 빈틈없이 힘씀으로서 스스로를 수양하고 사람을 다스리는 방도(方道)를 이미 몸에 갖추었다.

23세 되던 1549년 과거에 응시하여 사마시(司馬試)를 보아 진사.생원(進士.生員)의 양시에 합격 하였고 32세 1558년에 문과을과(文科乙科) 제1인으로 합격 하였다. 이때부터 14년간 허다한 관직을 두루 겪었는데 당시 조신(朝臣)들의 임명과 승진 전직이 자주 변경되고 고관과 말직의 임기도 너무 짧아서 관리들이 뜻을 펴기가 어려웠다.

선생도 관직을 배수(拜授)하고 체직(遞職)됨이 역시 많았으니 36세

1562년에 예문관 검열(藝文館 檢閱)겸 춘추관 기사관(春秋館 記事官)이 되었다가 휴가를 얻어 남쪽 고향으로 돌아왔고 37세 1563년에는 승정원주서(承政院注書)로 호당(湖堂)에 들어갔고 홍문관 부수찬(弘文館 副修撰)겸 경연 검토관(經筵 檢討官)이 되었으며 38세 1564년에는 경연(經筵)에 입시(入侍)하고 병조좌랑(兵曹左郎)을 역임 하였다.

39세 1565년에는 이조정랑(吏曹正郎)이 되었으며 40세 1566년에는 예조정랑(禮曹正郎) 홍문관 교리(弘文館 校理)를 역임하고 41세 1567년에는 사헌부장령(司憲府掌令) 홍문관 응교(弘文館 應教)였으며 원접사종사관(遠接使從事館)으로 관서(關西)에 가서 중국 사신을 맞이 하였다. 42세 1568년에는 홍문관 직제학(弘文館 直提學) 좌승지(左承旨) 대사성(大司成)을 역임하고 44세 1570년에는 남쪽 고향으로 돌아왔다.

45세 1571년에는 홍문관 부제학(弘文館 副提學) 이조참의(吏曹叅議)를 지내고 46세 1572년에는 대사성(大司成) 대사간(對司諫) 공조참의(工曹叅議)에 올랐으나 병으로 체직(遞職)되었고 10월 초3일 사직하여 남쪽 고향으로 돌아오다가 천안에 도착하여 발병하였으며 태인(泰仁)에 도착하여 병이 더욱 심하여 매당 김점(梅堂 金坫)의 집에 머물게 되었을때 국왕은 선생의 병세가 위중함을 듣고 특별히 어의(御醫)를 보내어 약을 가지고 달려와 구완케 하고 또 어찰(御札)을 보내 위문을 하도록 하였으나 어의가 미처 도달하기 전 10월 30일 장자(長子) 효증(孝曾)에게 유언의 말씀을 남기고 11월 초1일 별세하니 향년 46세였다. 부음(訃音)에 접하여 국왕은 몹씨 슬퍼하였으며 수의를 추가로 보내었고 서울 사대부(士大夫)들도 슬퍼하며 통탄(痛歎)하여 종남(終南)에 있는 우사(寓舍)로 가서 신위(神位)를 설치하고 모두 곡(哭)을 하였다. 다음해 2월 초8일 광주광역시 광산구 광산동 광곡(너브실) 묘좌유향(卯坐酉向)에 안장(安葬) 되었다.

선조23년 1590년에 광국공신(光國功臣)으로 책록(策錄)되고 수충익모광국공신(輸忠翼謨光國功臣) 정헌대부이조판서(正憲大夫吏曹判書) 겸 홍문관대제학(弘文館大提學) 예문관대제학(藝文館大提學) 지 경연의금부(知 經筵義禁府) 춘추관(春秋館) 성균관사(成均館事)로 증직하고 덕원군(德原君)으로 봉(封) 했으며 문헌공(文憲公)의 시호(諡號)를 내렸다.

선생은 재조(在朝)할때 근본에 힘쓰는 것을 원칙으로 삼고 임금의 마음을 바로잡고 강상(綱常)을 세우고 어진이를 높이고 사악(邪惡)을 물리치도록 하는 것을 자신의 임무로 삼았다. 임금에 강의하는 자리에서 임금에게 올린 말씀의 대요(大要)는 논사록(論思錄) 상하권에 기록되어 있는바 후일 정조대왕(正祖大王)이 읽으면서 감탄하기를 지금 이글을 탐독(耽讀) 하면서 밤이 이미 늦어지고 초가 여러차례 다 타는 것을 깨닫지 못하였다 하며 야대(夜對)를 열번하는 것 보다 휠씬 낫다고 하였다.

명종19년 1564년 2월 13일 선생은 아뢰기를『국가의 안위는 재상에게 달려있고 임금의 덕(德)이 성취 되는 것은 경연에 책임이 있는 것입니다. 그러나 임금의 덕(德)이 성취(成就)된 후에야 비로소 어진 재상(宰相)을 임용(任用)할 수 있기 때문에 경연(經筵)의 역할은 재상(宰相)보다도 더 중요한 것입니다.』라고 하였고 또 여러번 언로(言路)를 열고 직간(直諫)을 받아들이는 큰 방향을 설명하였다. 선생(先生) 41세 1567년 조강(朝講)에 입시(入侍)하여 임금에게 아뢰기를『조광조(趙光祖)와 이언적(李彦迪)에게 한꺼번에 표창(表彰)을 내리면 시비(是非)가 분명히 가려지고 인심도 흥기(興起)할 것입니다.』라고 말하고 또『노수신(盧守愼)과 류희춘(柳希春) 정황(丁熿)등도 모두가 다

학문이 높은 유신(儒臣)으로 오랫동안 적소(謫所)에 있었으니 지금 비록 방면(放免)되어 돌아 오기는 하였지만 나이가 이미 6~70대에 이르렀으니 의당 기용(起用) 발탁(拔擢)하여 어진이를 등용(登用)하는 도(道)를 다 해야 한다.』고 주청(奏請)하여 왕이 이에 따랐다. 조석으로 시강(侍講)하면서도 아는것은 모두 말하지 않음이 없고 말하는 것은 끝까지 철저히 하면서 반드시 임금을 요순(堯舜)처럼 되게 하여 이상(理想) 정치를 만회하고자 하였고 사도(邪道)를 물리치고 정도(正道)를 부추기는데 있어서는 주청(奏請)의 말이 아주 적절하였으며 그 고심(苦心)과 지극한 정성(精誠)은 족히 임금이 감동할만한 점이 많았다.

경연(經筵)의 강의는 경사(經史) 일반(一般)으로부터 우리나라 역대 사론(史論)에 이르기까지 그 논지는 처음부터 끝까지 명쾌(明快)하여 천인성명(天人性命)의 이치와 국가 흥망의 귀감을 설명하였다. 당시의많은 인재들의 논의는 경국제세(經國濟世)에만 급하여 논의가 분분하였으나 선생은 뜻을 세우고 현신(賢臣)을 구하는 것을 급선무로 삼아야 함을 적극 주청(奏請)하였으니 그 뜻은 근본을 바르게 세우는데에 두고 교화(敎化)를 먼저 하고 법제(法制)를 뒤로 하는 것이었으므로 개혁의 이론(理論)과는 별로 뜻이 맞지 않았다.

선생은 일찍이 세상물정에 어두운 학자라고 자신을 평하였으나 그 출처(出處)를 살펴보면 모두가 성현(聖賢)의 법도에 맞았다. 선생이 관직(官職)에서 물러나 남쪽 고향으로 돌아올 때 한강의 선중(船中)에서 어느 선비가 묻기를 『사대부(士大夫)로서 조정(朝廷)에 들어가 행동과 처신하는데 평생토록 지켜야할 점이 있다면 무엇입니까?』하고 묻자 선생은 답 하기를 『기세사(幾勢死) 세가지만 지키면 된다』고

하였다. 그뜻은 군자(君子)가 출처(出處)를 하려면 마땅이 먼저 그 시기를 잘 살펴서 의(義)에 어긋나지 않아야 하고 때를 알고 세(勢)를 알면 구차(苟且) 스럽게 될 걱정이 없으며 죽도록 선도(善道)를 지키면서 일생을 살 뿐이라는 것이었으니 그것은 곧 고금(古今)에 인인(仁人)과 지사(志士)들이 관직에 임(臨)하는 대방(大方)이지 어찌 세상 물정에 어두운 선비의 말이겠는가.

선생 학문의 연원(淵源)을 살펴보면 1558년에 등과(登科)하면서 서울 가는 도중(途中)에 태인(泰仁)을 지나면서 일재 이항(一齋 李恒)공을 배알하고 태극도설(太極圖說)을 논하였다. 당시 선생의 학문은 거의 대성(大成)의 영역에 도달해 있었지만 선생으로 하여금 일보(一步)를 더 나아가서 현인(賢人)의 지경까지 올라 일세의(一世)의 유종(儒宗)으로 만든분은 실로 퇴계(退溪)선생이었다. 두 선생은 그해 서울에서 처음 만났는데 한번 보고도 10년지기(十年知己)와 같았다.

퇴계(退溪) 선생이 고봉(高峯) 선생에게 주는 편지에 이르기를 무오년(戊午年)에 서울 간 일은 극히 낭패 스러운 일이었으나 한가지 다행한 점이 있다면 그것은 그대 명언(明彦)을 만난 것이었다고 하였다.

그후로 두 선생은 서로 겨우 두차례 상면(相面)하였지만 사제(師弟)의 예(禮)를 조금도 해이(解弛)하지 않았다. 고봉(高峯)선생의 자질(資質)은 세속을 초월하고 곧고 확실한 성품이었지만 행동거지는 오직퇴계(退溪)를 본보기로 하였고 조정에서 경륜(經綸)을 펼때도 역시 오직 퇴계(退溪)를 준칙으로 삼았다. 그 천품(天稟)은 간결(簡潔)하고 사람을 쉽게 용납하지는 않았으나 오직 퇴계(退溪)에게는 마음속으로 기꺼이 복종하였으며 퇴계(退溪) 역시 고봉(高峯)선생에게는 극진히 칭찬하고 많은 양보를 하였으며 항상 스승의 자리를 사양하였다. 간혹 어렵고 깊은 뜻이 담겨있는 일을 만날 때마다 항상 고봉(高峯) 선생에게 질문 하였으니 다른 문인(門人)들에게는 그런일이 없었다.

예법(禮法)과 사단칠정이기(四端七情理氣)의 론(論)에 관(關)하여 고봉(高峯)선생은 전인(前人)들이 들어가지 못한 심오(深奧)한 경지에 나아갔으니 퇴계(退溪)선생도 누차(累次) 자기의 의견(意見)을 버리고 고봉(高峯)선생을 따랐으며 독보적(獨步的)인 관점(觀點)과 이론을 가졌다고 칭찬하였다.

퇴계(退溪)선생이 향리(鄕里)로 돌아갈 때 선조(宣祖) 임금이 묻기를 『조신(朝臣)들 중에서 누가 학문이 제일 저명(著名)하다고 보는가』하니 그때의 많은 영재(英才)들이 조정에 가득 차 있었으므로 사실 누구를 거명하기 어려운 장면이었다. 그러나 퇴계(退溪)선생은 주청(奏請)하기를 『기모(奇某)는 글을 넓게 섭렵하였고 성리학(性理學)에도 뛰어난 조예를 가졌으니 참으로 달통(達通)한 선비라 말할 수 있습니다』라고 하였다.

선생께서 누린 수(壽)는 지명(知名)의 50세에 이르지 못하였으나 그 학문과 행적(行蹟)의 대요(大要)는 문집에 등재(登載)되어 있으니 시문집(詩文集) 6권과 주자문록(朱子文錄) 4권 논사록(論思錄) 상하(上下)권 양선생 왕복서(兩先生 往復書) 3권 사칠이기왕복서(四七理氣往復書) 상하편(上下篇)이 후세에 전해지고 있다. 그 문장은 꾸밈이 없고 기력(氣力)이 웅장하고 법칙이 준엄(峻嚴)하여 독자(讀者)들로 하여금 분발하여 먹는 것을 잊도록 할만하다.

통달한 선비의 학풍(學風)이 생기있고 약동(躍動)하여 볼만 하였기에 당세(當世)의 명사(名士)와 후학(後學)들의 저술(著述)중에 선생에 관련된 것이 극히 많았으니 율곡(栗谷) 이문성(李文成)공은 선생의 대하(大河)가 흐르는 듯한 문장(文章)과 구름을 넘는듯한 기상(氣像)을 찬양하였고 사암(思菴) 박문충(朴文忠)공과 택당(澤堂) 이문정(李文靖)공 계곡(溪谷) 장문충(張文忠)공 우암(尤庵) 송문정(宋文正)공 모두가 이나라의 대유(大儒)요 세상의 사표(師表)임을 칭송(稱頌)하였다.

배위(配位) 정부인(貞夫人) 함풍이씨(咸豊李氏)는 보공장군(保功將軍) 휘(諱) 임(任)의 따님으로 19세에 선생에게 귀(歸)하여 선생을 받드는데 시종(始終) 어김이 없었고 홀로된 25년동안 자녀를 경계하고 가르킬 때 영리(營利)와 관직(官職)을 멀리하게 하였다. 1596년 8월 18일 별세하니 향년(享年) 67세요 선생의 좌측(左側)에 안장(安葬)되었다.

3남1녀를 낳으니 장남 효증(孝曾)은 군기시첨정(軍器寺僉正)이었고 차남(次男) 효민(孝閔)은 전력부위충좌위부사용(展力副尉忠佐衛副司勇)이요 3남은 효맹(孝孟)이며 따님은 울산(蔚山) 김남중(金南重)에게 출가(出嫁)하였다. 장남 효증(孝曾)은 연은전 참봉(延恩殿 參奉) 김점(金坫)의 따님과 혼인하여 1남2녀를 두니 장남 정헌(廷獻)은 현감(縣監)이요 장녀는 문과승지(文科承旨) 한양(漢陽) 조찬한(趙纘韓)에게 출가 하였고 차녀는 문과승지(文科承旨) 청주(淸州) 한이겸(韓履謙)에게 출가하였다.

효민(孝閔)은 참봉(參奉) 남원(南原) 양홍도(梁弘度)의 따님과 혼인하여 2남2녀를 두니 장남은 영헌(齡獻)이요 차남은 동헌(東獻)이다. 장녀는 생원(生員) 고령(高靈) 박동휘(朴東輝)에게 출가하고 차녀는 함양(咸陽) 여공준(呂貢俊)에게 출가하였다. 효맹(孝孟)은 승지(承旨) 광주(光州) 정엄(鄭淹)의 따님과 혼인하여 후사(後嗣)가 없다.

효민(效閔) 효맹(孝孟)은 정유재란(丁酉再亂) 도중에 적(賊)을 만나 졸(卒)하고 김씨에게 출가한 따님과 자부(子婦) 양씨(梁氏) 정씨(鄭

氏)는 적(賊)의 협박에 굴(屈)하지 않고 투수사(投水死) 하였다.

선생의 후예(後裔)들은 호남에서 많은 선비들을 배출하였는데 혹은 문학으로 국가의 원기(元氣)가 되고 혹은 무관(武官)으로 국가의 보장(保障)이 되기도 하였다.

선생께서 별세한 후 7년에 호남의 유림(儒林)들이 고마산봉(叩馬山峰)아래 사우(祠宇)를 짓고 효종(孝宗) 5년에 월봉서원(月峯書院)으로 사액(賜額)하였으며 고종(高宗) 5년에 훼철(毁撤)되었다가 광복후 1991년에 다시 광주광역시 광산구 광산동 광곡(너브실)에 복원(復元) 되었다.

아! 5백년의 길고 아득한 세월! 선생의 학덕(學德)은 우리 나라에 견줄이가 거의 없다 할 것이다.

명(銘)하여 이르기를

만인(萬人)을 뛰어넘는 현명(賢明)한 자질(資質)은 배우지 아니하고 아는 천재(天才)였도다

깊은 성품과 고요한 생각은 7·8세 아이적부터 였도다

15세 지학(志學)의 나이에 이르기까지 이미 대성(大成)이 기대(期待) 되었으며 경학(經學)의 뜻과 역사(歷史)의 관점(觀點)은 달통(達通)하고 분명(分明)하였다.

대학(大學)의 격물(格物) 치지(致知) 수신(修身) 제가(齊家)의 수양을 일신(一身)에 갖추었고 치국평천하(治國平天下)의 큰 뜻은 처음부터 끝까지 시종(始終) 순일(純一)하고 진실(眞實)하셨다.

벼슬에 올라 직무(職務)를 이행(履行)할때는 그 모습은 훌륭하고 영특(英特)하고 준수(俊秀)하였으며 경연(經筵)에서 강론(講論)할 때는 그 논설(論說)이 종횡무진(縱橫無盡)이었다.

만조(滿朝)의 신료(臣僚)들은 모두가 뜻이 갱장(更張)에 있었지만 선생의 대본(大本)은 항상 강상(綱常)을 중(重)히 여기셨으니 어진이를 추천(推薦)하고 사악(邪惡)한 자를 물리치며 극히 공명정대(公明正大)하셨다.

세상에 나갈때나 물러날때나 말할때나 침묵(沈默)할 때나 한결같이 퇴옹(退翁)을 준행(準行)하셨고 서신(書信)의 왕복(往復)은 그 정의 (情誼)가 평생(平生) 변함이 없었다.

성리(性理)의 학설(學說)은 고금(古今)의 독보적(獨步的) 발명(發明) 이었고 사단(四端)과 칠정(七情)에 대(對)한 논변(論辯)도 한편으로는 넓고 한편으로는 치밀하였으니 통유(通儒)의 풍치(風致)와 인격(人格)을 조야(朝野)가 모두 우르렀으며 오직 기세사(幾勢死)만을 행신(行身)의 대방(大方)으로 삼으셨도다.

창졸(倉卒)의 순간(瞬間)이라도 몸가짐과 행실(行實)을 엄중(嚴重)하게 지키었으니 사림(士林)의 아망(雅望)은 별중에 북두성(北斗星)과 같았다. 맹자(孟子)의 말씀데로 천명(天命)을 순(順)하게 받으셨으며 백세(百世)에 향기(香氣)를 남기셨도다.

서기 2003년 계미(癸未) 4월 일

서울대학교 명예교수 · 학술원 회원

전(前) 부총리겸경제기획원장관 · 서울특별시장

후학(後學) 풍양(豊壤) 조 순(趙 淳) 근찬(謹撰)

❀ 월봉서원 묘정비문 병서

조선조 명종선조(明宗宣祖) 년간(年間)에 문운(文運)이 빈빈(彬彬)하고 사류(士流)가 성(盛)하게 일어났다. 그러나 전대(前代)에 겪은 사화(士禍)의 남은 불씨가 아직도 척신(戚臣)과 간인(奸人)의 사이에 남아 있어서 은밀(隱密)히 선비를 해(害)치는 재앙(災殃)을 빚고 있기도 했다. 이런 때를 당해 힘써 독류(毒流)를 배척(排擲)하고 청의(淸議)를 끌어당기며 의리를 밝혀 학문이 이룩되고 도(道)가 높아 우뚝하게 유종(儒宗)이된 분은 가로되 고봉(高峰) 기선생(奇先生)이시다. 일찍이 사헌부 집의(司憲府 執義)가 되어 경연(經筵)에 입시(入侍)하여 아뢰기를 『천하의 일에 옳고 그름이 없을 수 없사옵니다. 옳고 그름을 밝힌 뒤에야 사람들이 마음으로 복종(服從)하고 정부(政府)의 명령(命令)도 순조(順調)롭게 진행이 되는 것이옵니다. 대저 옳고 그름은 비단 사람의 마음에서 나오는 것일 뿐만 아니라 실상 천리(天理)에서 나오는 것이 옵니다. 한때 비록 가리우고 베어내 버린다 하더라도 그 옳고 그름을 아는 본심(本心)은 끝내 없어지지 않사옵니다.』하셨고 또 아뢰기를 『언론창달(言論暢達)은 국가에 중대한 일이옵니다. 언로(言路)가 열려 있으면 국가가 평안(平安)하고 언로(言路)가 막혀 있으면 국가가 위태(危殆)롭습니다.』하셨으며 또 어진이를 등용(登用)하는 도(道)를 논(論)하기를 『학교(學敎) 교육(敎育)을 밝게 닦아 인재(人才)를 양성(養成)해서 그 성취도(成就度)에 따라 뽑아 등용(登用)할 것이며 능(能)히 국가의 치란(治亂)과 백성의 기쁨 슬픔을 헤아려 아는 자와 더불어 정치(政治)를 하게 되면 묵은 병폐(病弊)를 개혁(改革)하고 앞사람들이 미처 하지 못한 일들을 해낼 수 있을 것이옵니다.』하셨다. 이치를 논(論)하고 주장(主張)을 세움에 있어서 도(道)를 펴지 않음이 없었다. 상세(詳細)한 것은 논사록(論思錄)에 실려있다.

선생의 휘(諱)는 대승(大升)이고 자는(字)는 명언(明彦)이며 호(號)는 고봉(高峯)이고 또 존재(存齋)라고도 한다. 성(姓)은 기씨(奇氏)로 행주인(幸州人)이다. 고(考)의 휘(諱)는 진(進)이고 호(號)는 물재(勿齋)며 아우 준(遵) 호(號) 복재(服齋)와 더불어 학행(學行)으로 세상에 저명(著名)했다. 기묘사화(己卯士禍 1519년)때 복재(服齋)가 화(禍)를 입게되자 세상 일에 뜻을 멀리하고 광주(光州) 고룡향(古龍鄕)으로 물러나 살게 되었다. 비(妣)는 진주(晋州) 강씨(姜氏)로 사과(司果) 휘(諱) 영수(永壽)의 따님이다. 중종(中宗) 22년 1527년 11월 18일 선생께서 고룡리(古龍里)집에서 태어나셨다. 천자(天資)가 빼어나고 꿋꿋하여 어릴적부터 지절(志節)이 있었으며 성품이 또한 강개(慷慨)해 항상 도의(道義)를 선양(宣揚)하고 퇴패적(頹敗的)인 풍조를 일소해서 천박(淺薄)한 학문에 대(對)해 모범(模範)을 보이려는 생각을 품고 있었다.

을사사화(乙巳士禍 1545년)가 일어났다는 소식을 듣고는 식음(食飮)을 물리치고 눈물을 흘렸으며 두문불출(杜門不出)했다. 자경설(自警說)을 지어 스스로를 경계(警戒)했다. 1549년에 사마시(司馬試)에 합격하였고 1555년에 물재공(勿齋公)의 상(喪)을 당해 여묘(廬墓)로 3년상(喪)을 마쳤다. 주자문록(朱子文錄)을 저술(著述)하였다.

1558년 7월에 하서 김선생 인후(河西 金先生 麟厚) 일재 이선생 항(一齋 李先生 恒)을 찾아 뵈었고 10월에 문과을과(文科乙科) 제일명(第一名)으로 과거(科擧)에 올라 권지승문원부정자(權知承文院副正字)

가 되었으며 이 달에 퇴계(退溪)선생을 경저(京邸)로 찾아 뵈었다.

추만(秋巒) 정지운(鄭之雲)이 천명도(天命圖)를 선생에게 보여주었다. 1559년 3월에 퇴계(退溪)선생에게 편지(便紙)를 올렸는데 이로부터 8년여동안 두 선생께서 편지를 주고 받으며 사칠이기설(四七理氣說)을 논변(論辨)했다.

1563년에 거듭 예문관봉교(藝文館奉教)에 제수되었으며 사관(史官)이 되고 홍문관부수찬(弘文館副修撰) 겸 경연검토관(經筵檢討官) 춘추관 기사관(春秋館 記事官)에 올랐다. 주강(晝講)에 입시(入侍)해 『국가의 안위(安危)는 재상(宰相)에게 매어 있고 임금의 덕(德)이 성취(成就)되는 것은 경연(經筵)에 책임(責任)이 있다.』고 하셨다.

을축(乙丑)에 성균관직강 지제교(成均館直講 知製教)가 되고 또 이조정랑(吏曹正郎) 겸 교서관교리(校書館校理)로 임명(任命)되었으나 휴가(休暇)를 얻어 고향(故鄕)으로 돌아갔다. 12월에 소재 노수신(蘇齋 盧守愼)을 진국원(鎭國院)으로 찾아보고 인심도심(人心道心)을 논(論)하였다. 소재(蘇齋)가 나정암(羅整庵)이 지은 곤지기(困知記)를 옳다고 주장하니 선생께서 곤지기론(困知記論)을 지어 분변해 주었다.

정묘(丁卯) 5월에 홍문관 응교(弘文館 應教)로 원접사 종사관(遠接使 從事官)이 되어 관서(關西)로 가서 허위(許魏) 두 사신(使臣)을 영송(迎送)했다. 마침 명종(明宗)이 승하(昇遐)하여 중로(中路)에서 부음(訃音)을 들었다. 두 사신(使臣)은 다같이 중국의 명유(名儒)로 많은 질문을 하였으나 선생(先生)께서 응대(應對)하되 상(常)과 변(變)을 강론(講論)하는 것이 다 적절하였다. 조정(朝廷)에 돌아오자 사헌부 집의(司憲府 執義)에 제수(除授)되었고 조강(朝講)에서 사림(士林)이 화(禍)를 입는 이유 및 선정(先正) 조광조(趙光祖)등 기묘제현(己卯諸

賢)의 신원(伸寃)을 건의(建議)하였으며 어진이를 등용(登用)하는 도(道)를 자세하게 논(論)하였다. 여러번 옮겨 대사성(大司成) 대사간(大司諫)에 임명(任命)되기를 두 번이었다. 경오(庚午)에 벼슬을 그만두고 고향으로 돌아갔다. 한강(漢江)으로 나와 하룻밤 묵는데 서울의 사대부(士大夫)들이 조정(朝廷)을 비우다시피 전송을 나왔다. 5월에 고마산(顧馬山)아래에 자그만 집을 지어 낙암(樂庵)이라 이름 붙였으니 퇴계(退溪)의 글 가운데 「가난 할수록 더욱 도(道)를 즐길 수 있어야 한다」는 뜻을 취한 것이었다. 이보다 앞서 선생께서는 청량봉(淸涼峯)아래 자그마한 집을 지어 은거(隱居)하며 공부할 곳으로 삼았는데 귀전(歸全)이라 이름하였다. 「부모가 온전히 낳으심에 자식이 온전히 몸을 보전(保全)하여 돌아간다.」는 뜻을 담은 것이다. 문인(門人)으로 좇아 배우는 자가 더욱 많았으며 사림(士林)의 중망(重望)이 선생에게로 돌아왔다. 여러번 소명(召命)이 있었으나 상소(上疏)를 올려 사퇴했다.

1572년 2월에 종계변무주청사(宗系辯誣奏請使)로 또 소명(召命)이 있게 되니 선생께서 사명(使命)이 중대(重大)한지라 부득이(不得已) 조정(朝廷)에 나아가기로 하였다. 중도(中途)에서 대사간(大司諫)에 임명(任命)되고 7월에 공조참의(工曹叅議)로 제수(除授)되었다. 10월에 벼슬을 사퇴(辭退)하고 고향으로 돌아가는데 당대(當代) 많은 사대부(士大夫)가 한강(漢江)까지 전송을 나왔다. 천안(天安)에 이르러 갑자기 둔종(臀腫)이 생겼고 태인(泰仁)에 이르자 더욱 위독(危篤)해졌다. 매당(梅堂) 김점(金坫)이 달려와 병문(病問)을 하니 선생께서 『목숨이 길고 짧은 것은 명(命)이고 죽고 사는 것은 천(天)이니 모름지기 관념하지 마시요. 다만 어릴적부터 문한(文翰)에 힘쓰다가 드디어 성현(聖賢)의 학(學)에 뜻을 두었는데 중년이래(中年以來)로 비록 스스로 체득(體得)한 것이 있었다 치더라도 다만 공부(工夫)가 독실(篤實)하지 못해 처음 마음 먹은바에 부응하지 못할까 항상(恒常) 저어하였지만 름름(凜凜)하게 날로 반성하고 조심하였습니다. 만약 공부한 이들 사이에서 옛 성현(聖賢)의 진면목(眞面目)을 헤아려 논(論)한다면 나도 또한 부끄러울 것이 없지만 단지 한 일들이 옛사람에게 미치지 못하니 그것이 두렵습니다.』하셨다. 다음날 길을 재촉해 김공(金公)의 집에 이르러 이틀만에 돌아가시니 11월 1일이었다. 때에 밤이 사경(四更)인데 갑자기 바람이 거세게 불고 우뢰와 번개가 치므로 모두 이상하게 여겼다.향년(享年) 46세이었다. 임금이 선생의 병환(病患)이 위중(危重)하다는 소식(消息)을 듣고 특별히 어의(御醫)에게 약을 갖고 달려가 치료(治療)하게 하고 또 위문(慰問)하는 편지(便紙)를 보내기도 했지만다 미치지 못하였다.

임금이 부음(訃音)을 듣고는 크게 슬퍼하셨고 간원(諫院)에서 아뢰기를 『대사간(大司諫) 기대승(奇大升)은 어릴적부터 성현(聖賢)의 학(學)에 종사하여 견식(見識)이 고명(高明)했고 이황(李滉)과 더불어 의리(義理)를 논변(論辨)하니 앞사람이 발(發)하지 못한 바를 많이 발명(發明)하셨고 경악(經幄)에 입시(入侍)해서 진술(陳述)하고 계발한 것이 모두 성제(聖帝) 명왕(明王)의 도(道)아닌 것이 없아옵니다. 온 세상이 추앙(推仰)하고 존중(尊重)해서 유종(儒宗)이 되었사오나 불행(不幸)하게도 병이 있어 고향(故鄕)으로 돌아가는 도중(途中)에 졸(卒)하셨사옵니다. 가세(家勢)가 청빈(淸貧)해 상장례(喪葬禮)를 치르기가 어려우니 청(請)컨대 본도(本道)에 명(命)해서 넉넉하게 도와줘 나라에서 선비를 높이고 도(道)를 중(重)히 여기는 뜻을 보여 주옵서소.』하니 임금이 이에 따랐다. 선생께서 평일에 주대(奏對)한 말씀들을 임금이 사관(史官)에게 명(命)하여 두권으로 기록(記錄)해서 논사록(論思錄)이라 이름 붙였다. 시문(詩文) 6권과 주자문록(朱子汶錄) 4권 퇴계(退溪)와 왕복(往復)한 서간(書簡) 3권과 양선생(兩先生) 이기왕복서(理氣往復書) 상하(上下) 1권이 간행(刊行)되었다. 증(贈) 수충익모(輸忠翼謨) 광국공신(光國功臣) 정헌대부(正憲大夫) 이조판서(吏曹判書) 겸 홍문관대제학(弘文館大提學) 예문관대제학(藝文館大提學) 지 경연의금부(知 經筵義禁府) 성균관(成均館) 춘추관사(春秋館事) 덕원군(德原君)에 봉(封)해지고 시(諡)는 문헌(文憲)이다. 선생께서 돌아가신 후 7년 1578년에 사림(士林)이 뜻을 모아 고마봉(顧馬峯)아래 낙암동(樂庵洞)에 사당(祠堂)을 건립하였다. 때에 황강(黃岡) 김계휘(金繼輝)공이 본도(本道)의 감사(監司)로 있어 힘을 많이 썼고 또한 강진(康津)의 언답(堰畓) 30여석지(三十餘石地)를 서원(書院)으로 넣어 주었다. 그 후에 송강(松江) 정철(鄭澈)공이 감사(監司)가 되어 또한 많이 돌보아 주었고 노비(奴婢)와 전토(田土)도 지급(支給)해 주었다. 1592년 임진왜란(壬辰倭亂) 후에 망월봉(望月峯)아래 동천(桐川)위로 이건(移建)하였으며 효종(孝宗)5년 1654년에 월봉서원(月峯書院)으로 사액(賜額)이 되었으며 1655년 4월에 편액(扁額)을 맞이 하였고 예랑(禮郎) 원격(元格)이 제문(祭文)을 받들고 와서 치제(致祭)했다. 현종(顯宗)10년 1669년에 중창(重刱)을 했고 1671년에 문간공 눌제 박선생(文簡公 訥齊 朴先生) 문충공 사암 박선생(文忠公 思菴 朴先生)을 추향(追享)하였으며 숙종(肅宗) 9년 1683년에 문원공 사계 김선생(文元公 沙溪 金先生)을 추향(追享)하였고 문경공 신독제 김선생(文敬公 愼獨齊 金先生)을 종향(從享) 하였다. 정조(正祖) 12년 1788

년 4월에 예조좌랑(禮曹佐郎) 박흥복(朴興福)이 명(命)을 받들고 와서 치제(致祭)하였다. 고종(高宗) 5년 1868년에 훼철(毁撤) 되니 사림(士林)과 자손(子孫)이 모두 슬퍼하고 통탄(痛嘆)해 마지 않았다.

광복전(光復前) 1938년에 문중(門中)에서 논의(論議)가 발의(發議)되어 계획(計劃)을 세우고 재정(財政)모아 광주광역시 광산구 광산동 광곡(너브실)에 빙월당(氷月堂)을 중건(重建)하여 강당(講堂)으로 하고 광복 후 1979년에 지방문화재(地方文化財)로 등록(登錄)되었으며 유림(儒林)과 본손(本孫)이 당국(當局)에 건의(建議)하여 국비(國費)로 1982년에 숭덕사(崇德祠)와 내삼문(內三門)을 세웠고 1983년에 장판각(藏版閣)을 지었으며 1990년에 명성재(明誠齋) 4간(四間) 존성재(存省齋) 4간(四間) 및 외삼문(外三門)을 세웠다. 1991년에 서원(書院)을 복원(復元)해 선생의 위패(位牌)를 봉안(奉安)하고 의전(儀典)을 순성(順成)했으며 3월(三月) 상정일(上丁日)에 향사(享祀)하게 되었으니 어찌 사문(斯文)의 대행(大幸)이고 사림(士林)의 성사(盛事)가 아니겠는가.

하루는 예손(裔孫)되는 대종중회장(大宗中會長) 세훈(世勳) 서원복원회장(書院復元會長) 세탁(世鐸)이 나를 성균관(成均館)으로 찾아와 묘정비문(廟庭碑文)을 청탁(請託)하니 제가 비록 그럴 사람이 못되지만 어찌 감(敢)히 사양(辭讓)하리요. 대략(大略) 위와 같이 서술(敍述)하고 삼가 명(銘)하기를

미묘(微妙)를 정밀(情密)하게 궁구(窮究)하니 도체(道體)를 꿰뚫었네

널리 보고 조예(造詣)가 뛰어나서 탐구(探究)하고 토의(討議)해 종합(綜合)하고 분석(分析)하였네

주대(奏對)한 말씀은 논사록(論思錄)으로 외우고 사칠이기설(四七理氣說)은 철학(哲學)의 지표(指標)라 칭송(稱頌)하네

법도(法度) 지키기를 준엄(峻嚴)하게 하니 예학(禮學)에도 달통(達通)하였네

많은 선비 추앙(推仰)해 사당(祠堂)세워 받들고 백세(百世)의 모범(模範)되니 월봉(月峯)이라 사액(賜額)하였다네

경(敬)과 의(義) 함께 세웠으니 길이 뒤를 따르리.

서기 1998년 무인(戊寅) 5월 상한(上澣)

성균관장(成均館長) 후학(後學) 경주(慶州) 최근덕(崔根德) 근찬(謹撰)

추천자 : 김충렬(金忠烈)

1931.3.20.(음) 강원 문막 출생
1958-1960 대만대학교 철학과
1961-1962 대만대학교 철학연구소 석사과정
1967-1968 계명대학교 철학과 부교수
1968-1970 중화민국 문화대학교 부교수
1970-1996 고려대학교 철학과 교수
1973 중화민국 국가박사 취득
1975-1977 한국철학회 부회장
1978-현재 남명연구원 원장
1980-현재 중국철학연구회 회장
1985-1986 대만대학교 객좌교수
1987-1990 한국동양철학회 회장
1989-1991 포은사상연구원 원장
1990-1992 한국주역학회 회장
1996-현재 고려대학교 명예교수

저 자 : 정병련(鄭炳連)

· 갑신년(1944) 전북 김제(金堤) 출생, 아호: 만백(晩柏)
· 성균관대학교(문학사, 문학석사, 철학박사 취득)
· 한국정신문화연구원 전문위원 및 조편수원 역임
· 자유중국 대만 사범대 및 중앙연구원 초청 訪問學人
· 미국 뉴욕 스토니부룩 주립대학교 파견 연구교수
· 한국국민윤리학회 부회장

현재 : 서울대학교 사범대 강사(한국윤리사상 담당), 간재사상연구회 연구이사
한국유교학회 부회장, 한국동양철학회 부회장, 한중철학회 운영위원장
전남대학교 사범대학 윤리교육과 교수

저술 : 『丁茶山의 經學』(공저), 민음사, 1989.
『한국의 윤리사상』(공저), 박영사, 1990.
『茶山四書學硏究』, 경인문화사, 1994.
『한국철학의 심층분석』(Ⅰ), 전남대출판부, 1995.
『한국철학의 심층분석』(Ⅱ), 전남대출판부, 1997.
『한국철학의 심층분석』(Ⅲ), 전남대출판부, 1998.
『南道哲學散策』, 전남대 사대 윤리교육과, 1997.
이 외 한국철학과 중국철학 논문 다수.

高峯 先生의 生涯와 學問

2006년 4월 5일 인쇄
2006년 4월 10일 발행

저 자 —— 정병련
감 수 —— 幸州奇氏 文憲公 宗中 · 月峯書院
발행인 —— 강정채
발행처 —— 전남대학교출판부

등록 1981. 5. 21. 제53호
500-757 광주광역시 북구 용봉동 300
TEL. (062) 530-0571～3
FAX. (062) 530-0579
http://altair.chonnam.ac.kr/～cnup

값 10,000원

ISBN 89-7598-556-3 (93900)

이 도서의 국립중앙도서관 출판시도서목록(CIP)은 e-CIP홈페이지(http://www.nl.go.kr/cip.php)에서 이용하실 수 있습니다.(CIP제어번호: CIP2006000906)